D. Gatti, F. Grossi, S. Luongo, C. Mantese, G. Marino, C. Pietra

# CARA DIPENDENZA

La droga attraverso gli occhi di un ragazzo

Anno 2017

Copertina a cura di Alessandro Goldin

I

*DEDICATO AI NOSTRI RAGAZZI,*
*perché più di tutti hanno contribuito*
*alla realizzazione di questo libro.*

# Autori e collaboratori

## Autori:

- Daniele Gatti: nato a Monza il 23/09/1993. Vive a Montalto Pavese. Laureando di Psicologia presso l'Università degli Studi di Pavia. Socio attivo CRI dal 2012;
- Federica Grossi: nata a Pavia il 01/06/1990. Vive a Santa Cristina e Bissone. Psicologa. Laura in psicologia presso l'Università degli Studi di Pavia; Master in neuropsicologia clinica presso l'Università degli Studi di Padova. Socia attiva CRI dal 2012;
- Sara Luongo: nata il 03/06/1997. Vive a Stradella. Laureanda in Scienze della Comunicazione presso l'Università degli Studi di Pavia. Socia attiva CRI dal 2013;
- Cristina Mantese: nata a Broni il 07/03/1991. Vive a Stradella. Farmacista. Laurea in Farmacia presso l'Università degli Studi di Pavia. Master in Discipline Regolatorie e Market Access in Ambito Farmaceutico e Biotecnologico. Socia attiva CRI dal 2014.
- Giuseppe Marino: nato a Castel S. Giovanni il 29/03/1990. Vive a Stradella. Psicologo. Laurea in Psicologia presso l'Università degli Studi di Pavia. Socio attivo CRI dal 2009;
- Caterina Pietra: nata a Voghera il 22/01/1994. Vive a Stradella. Laureanda in Ingegneria Edile-Architettura presso Università degli Studi di Pavia. Socia attiva CRI dal 2011;

## Collaboratori

- Ludovica Fiora;
- Giorgia Madama;
- Sofia Midha.

# RINGRAZIAMENTI

Precedono ogni pagina, i ringraziamenti. Obbligatori e sentiti. Si ringrazia innanzitutto il Presidente del Comitato Locale della Croce Rossa Italiana di Stradella, Antonio Morini, e la Consigliera Giovane, Anna Crovace: per gli spazi, le libertà e il tempo dedicato. Ringraziamo tutto il corpo docenti dell'Istituto Scolastico Comprensivo di Santa Maria della Versa; in particolare la Dirigente Scolastica Elena Bassi e la Professoressa Isabella Gay, con la quale abbiamo collaborato durante l'intero progetto. Ringraziamo i compagni di viaggio, che per tempo ed impegni, non hanno potuto dedicarsi alla stesura del libro: Giuseppe Bussa, Margherita Celori, Riccardo D'Argento - il vostro contributo ha arricchito gli incontri e questo elaborato. Ringraziamo Alessandro Goldin per il supporto e la creatività; Don Cristiano Orezzi e Gabriele Bellocchi per il tempo dedicato, l'interesse e la vicinanza. Martina Bertoli per l'entusiasmo. Beatrice Becattini per l'attenzione e il sostegno.

Infine, ma prima di ognuno qui citato, i nostri ringraziamenti più cari vanno a tutti quei ragazzi che ci hanno accompagnati in questo percorso, dentro e fuori dalle aule. I loro pensieri, le riflessioni in comune, la condivisione di tempo e di spazi ci ha dato modo di crescere e maturare.

Prima di conoscervi, non avremmo mai pensato di scrivere un libro.

Grazie perché trasformate il mondo: se non tutto, almeno il nostro.

# INDICE

# PREFAZIONE

*Prefazione a cura di Gabriele Bellocchi, Vice Presidente Nazionale della Croce Rossa Italiana*

"*Io sono te tra 10 anni, sono venuta alla tua conoscenza grazie ad un libro...*".

Inizia così una delle lettere dei ragazzi che hanno deciso di affrontare un vero e proprio percorso di conoscenza.

Il libro che leggerete non ha come obiettivo solamente quello di far conoscere cosa sia una dipendenza da sostanze stupefacenti, ma è una manifestazione di quello che i ragazzi coinvolti hanno affrontato: un percorso di conoscenza di se stessi, partendo da se stessi, con se stessi.

L'esercizio, se così si può chiamare, di scrivere lettere a se stessi 10 anni dopo, partendo dalla propria situazione attuale, costringe i ragazzi ad un'analisi della loro realtà.

È questa la forza del libro! Partire dai ragazzi, affinché gli stessi arrivino ad una consapevolezza della loro condizione trovando gli strumenti per il cambiamento, fino a definirsi "boss" di se stessi cioè padroni, consapevoli, delle loro scelte.

Ma non finisce qui! Grazie alla lettura di queste testimonianze di percorso, gli stessi ragazzi ottengono un altro risultato, forse non previsto, cioè quello di "costringere" il lettore stesso ad analizzare il suo percorso di conoscenza e magari ad iniziarlo.

Il libro prosegue con una trattazione che partendo dai nostri pregiudizi, ci fornisce gli strumenti scientifici per analizzare, non solo la dipendenza da sostanze stupefacenti in quanto tale, ma in generale le "dipendenze", più o meno manifeste, di cui siamo affetti ogni giorno.

Ringrazio gli autori del libro, in particolare Giuseppe, ma soprattutto tutti i ragazzi coinvolti, per avermi dato l'opportunità di scrivere: *"Io sono te tra 10 anni, sono venuto alla tua conoscenza grazie ad un libro..."*.

*"Stai voltando le spalle alla tua vita..."* sono le parole che E. scrive a se stessa tra dieci anni drogata!

È questa, credo, la grande intuizione del progetto che sta alle spalle di "Cara Dipendenza".

L'intuizione di condurre i ragazzi attraverso la loro creatività e la loro immaginazione alla responsabilità di sé, alla costruzione del loro futuro e del mondo che li circonda si rivela una strada educativa brillante ed efficace. Educare ha come obiettivo specifico offrire strade di libertà.

Essere liberi significa aver maturato la capacità di autodeterminarsi; significa riconoscere, secondo l'espressione di san Gregorio di Nissa, che siamo *"padri di noi stessi"*; significa costruirsi.

Le pagine che leggerete sono importanti perché ci aiutano ad indirizzare lo sguardo nella direzione della consapevolezza, dell'importanza delle scelte e delle loro conseguenze, offrendoci la possibilità di cogliere il criterio migliore per riconoscere vita: la pienezza.

Secondo Jacques Fesch (l'ultimo ghigliottinato di Francia, di cui è in corso il processo di beatificazione) la misura di una vita davvero vissuta non è la soddisfazione, ma la pienezza! "Voltando le spalle alla vita" si rischia solo di morire prima del tempo.

Complimenti a chi ha ideato e guidato il progetto ed ai ragazzi tutti che vi hanno partecipato: con il loro impegno ci hanno dato speranza.

Don Cristiano Orezzi

# LA CROCE ROSSA ITALIANA

*A cura di Sara Luongo*

Il Movimento Internazionale della Croce Rossa e della Mezzaluna Rossa rappresenta la più grande organizzazione umanitaria a livello mondiale. Ha vinto il Premio Nobel per la pace nel 1917, 1944 e 1963.

La sua nascita è dovuta all'idea di un imprenditore, umanista e filantropo svizzero, Premio Nobel per la Pace nel 1901, di nome Jean Henri Dunant (1828 – 1910), che volle creare un gruppo di soccorritori per i feriti della Battaglia di Solferino e San Martino, avvenuta nel 1859 durante la Seconda Guerra d'Indipendenza Italiana. Così nel 1863, con l'aiuto del giurista Gustave Moynier, del generale Henry Dufour e dei medici Louis Appia e Theodore Maunoir, fondò il Comitato Ginevrino di soccorso dei militari feriti, più comunemente chiamato Comitato dei Cinque.

Nello stesso anno il Comitato dei Cinque organizzò una conferenza a Ginevra dove venne stilata la Prima Carta Fondamentale, elenco di dieci punti che definirono le funzioni e i mezzi dei Comitati di soccorso.

Il 22 agosto 1864 il governo svizzero convocò una Conferenza diplomatica che si concluse con l'adozione della Prima Convenzione di Ginevra, un trattato che, durante una situazione di guerra, consentiva di proteggere i soldati feriti e i civili che partecipavano passivamente al conflitto. Si definì un simbolo, una croce rossa su sfondo bianco, come immagine di riconoscimento e protezione per i soccorritori e per gli edifici adibiti a ospedali.

Nel 1876 l'attuale Turchia presentò una critica al governo svizzero dal momento che il simbolo risultava offensivo per i militari musulmani. Nonostante l'emblema non fosse stato creato su ideologia cristiana, nel 1929 fu riconosciuto un secondo simbolo ufficiale, la mezzaluna rossa, adottato dalla maggior parte dei paesi islamici.

In seguito alla Prima Convenzione di Ginevra, la quale prevedeva "il miglioramento delle condizioni dei militari feriti o malati in campagna", furono aggiunte altre tre Convenzioni: "Per il miglioramento delle condizioni dei militari feriti, malati o naufraghi in mare"; "Per il miglioramento delle condizioni dei prigionieri di guerra"; "Per la protezione dei civili in tempo di guerra".

L'insieme di queste quattro Convenzioni, con i due Protocolli aggiuntivi del 1977 e il Protocollo aggiuntivo del 2005, stabiliscono la carta fondamentale sulla quale si basa il Movimento: il Diritto Internazionale Umanitario (D.I.U.).

Il D.I.U. è un documento che raccoglie tutte le norme di diritto internazionale riguardanti le vittime di guerra.

Il consulente per gli affari legali del Comitato Internazionale della Croce Rossa (C.I.C.R.) Hans Peter Gasser individua i quattro punti fondamentali sui quali si basa il D.I.U.:

1. Rispettare, difendere e trattare in modo umano gli individui che partecipano, o hanno preso parte, ad azioni di ostilità, garantendo loro l'assistenza necessaria, senza alcuna discriminazione;

2. Trattare umanamente i prigionieri di guerra e chiunque è stato privato della libertà, proteggendoli da ogni tipo di violenza, in particolare la tortura. In caso di processo, essi hanno il diritto di avere le garanzie fondamentali di qualsiasi normale procedimento giuridico.

3. Poiché il diritto delle parti coinvolte in un conflitto armato all'uso di metodi o strumenti di guerra non è senza limiti, è illecito infliggere ulteriori pene o sofferenze inutili.

4. Allo scopo di evitare vittime tra i civili, le forze combattenti devono sempre fare distinzione tra popolazione e oggetti civili da una parte, ed obiettivi militari dall'altra. Né la popolazione civile, né singoli cittadini od obiettivi civili devono costituire il bersaglio di attacchi militari.

# Principi Fondamentali

Il Movimento Internazionale della Croce Rossa e della Mezzaluna Rossa è fondato sulla base di sette princìpi fondamentali:

1. Umanità: "Nato dalla preoccupazione di soccorrere senza discriminazioni i feriti dei campi di battaglia, il Movimento Internazionale della Croce Rossa e della Mezzaluna Rossa, sia a livello internazionale che nazionale, opera per prevenire e alleviare in ogni circostanza le sofferenze degli uomini. Si applica a proteggere la vita e la salute, e a far rispettare la persona umana. Opera per la reciproca comprensione, l'amicizia, la cooperazione e una pace durevole tra tutti i popoli.";

2. Imparzialità: "Non fa alcuna distinzione di nazionalità, razza, religione, di condizione sociale o di appartenenza politica. Si dedica esclusivamente a soccorrere gli individui a seconda della gravità e dell'urgenza delle loro sofferenze.";

3. Neutralità: "Per conservare la fiducia di tutti, il Movimento si astiene dal prendere parte alle ostilità così come, anche in tempo di pace, alle controversie d'ordine politico, razziale, religioso e ideologico.";

4. Indipendenza: "Il Movimento è indipendente. Le Società Nazionali di Croce Rossa e Mezzaluna svolgono le loro

attività umanitarie come ausiliarie dei poteri pubblici e sono sottoposte alle leggi in vigore dei rispettivi paesi. Tuttavia, esse devono conservare un'autonomia che permetta loro di operare sempre secondo i Principi del Movimento.";

5. Volontariato: "La Croce Rossa è un movimento di soccorso volontario e disinteressato.";

6. Unità: "In un paese non può esserci che un'unica Società di Croce Rossa o di Mezzaluna Rossa. Essa dev'essere aperta a tutti e deve estendere la sua attività umanitaria all'intero territorio.";

7. Universalità: "Il Movimento Internazionale della Croce Rossa e della Mezzaluna Rossa è universale: in esso tutte le Società hanno uguali diritti ed il dovere di aiutarsi reciprocamente.".

Chiunque entri a far parte della Croce Rossa è tenuto a rispettare i princìpi sopra elencati e a tenere un codice etico e di buona condotta adeguato ad essi.

## Strategia 2020

Con l'evoluzione della società anche gli obiettivi di Croce Rossa si sono modificati: dal primo scopo, il soccorso in guerra, il Movimento si è chiesto se, anche in situazioni di pace, non si potesse fare qualcosa in supporto alla popolazione. La Strategia

2020 (S2020) è una missione che la Federazione Internazionale delle Società di Croce Rossa e Mezzaluna Rossa si è posta in vista dell'anno 2020. È composta da sei Obiettivi Strategici:

- Obiettivo Strategico 1: Salvare vite, proteggere i mezzi di sostentamento e facilitare il recupero a seguito di disastri e crisi attraverso la promozione della donazione volontaria di sangue, organi e tessuti, il servizio ambulanza, la promozione di uno stile di vita sano con una corretta educazione alla salute, la diffusione delle pratiche di Primo Soccorso e la promozione di corsi di sicurezza sul lavoro.

- Obiettivo Strategico 2: Supporto ed inclusione sociale al fine di creare comunità inclusive per facilitare lo sviluppo dell'individuo. Le attività psico-sociali proposte sono rivolte alle persone diversamente abili, con dipendenze di diversa natura, ai migranti (per il ricongiungimento familiare), persone discriminate per differenti motivi.

- Obiettivo Strategico 3: Preparare la comunità e dare risposta a emergenze e disastri fornendo assistenza alle comunità colpite da disastri con attività di soccorso, assistenza sanitaria e attività psico-sociali, ristabilendone e migliorandone le condizioni; cercare di ridurre il grado di vulnerabilità delle situazioni a rischio disastri; garantire una risposta immediata ed efficace alle emergenze nazionali ed internazionali.

- Obiettivo Strategico 4: Diffusione del Diritto Internazionale Umanitario, dei Princìpi Fondamentali, dei Valori Umanitari e della Cooperazione Internazionale attraverso attività mirate alla promozione dell'emblema.

- Obiettivo Strategico 5: Promuovere lo sviluppo della fascia giovane attraverso l'educazione alla salute e a uno stile di vita sano, alla sessualità e alla sicurezza stradale, la donazione volontaria di sangue, organi e tessuti, gli interventi rivolti alla disoccupazione giovanile, promozione dei Princìpi Fondamentali e a una cultura di non violenza e della pace, attività di prevenzione rivolto ai cambiamenti climatici, attività di cooperazioni e scambi interculturali.

- Obiettivo Strategico 6: Sviluppo, comunicazione e promozione del volontariato attraverso il reclutamento e la fidelizzazione dei soci attivi e dei sostenitori, lo sviluppo dei partenariati strategici e il foundraising, il monitoraggio e la valutazione dell'impatto sulla popolazione delle attività promosse da Croce Rossa.

# IL PROGETTO RESPONSABILITY

*A cura di Sara Luongo*

ResponsAbility è un progetto di Croce Rossa Italiana, Comitato Locale di Stradella (PV). Le sue radici affondano negli Obiettivi Strategici 1 e 5 di Croce Rossa sintetizzandoli in un unico fine: promuovere uno stile di vita sano tra i giovani. Secondo i dati ISTAT 2016 i ragazzi e le ragazze in età di sviluppo, seppur in minore percentuale rispetto al 2005 (grazie a varie attività di prevenzione svolte sul territorio), abusano ancora di alcol, tabacco e sostanze stupefacenti, inconsapevoli delle conseguenze sulla salute fisica e mentale.

L'Istituto Scolastico Comprensivo di Santa Maria della Versa, consapevoli di questi dati, ci ha proposto di informare i ragazzi riguardo queste tematiche.

Il nostro intento è stato dunque quello di sensibilizzare i ragazzi più giovani su questi argomenti, rendendoli consapevoli dei rischi e delle conseguenze a breve e lungo termine.

All'interno del nostro gruppo di lavoro sono presenti persone formate, quali psicologi e farmacisti, in grado di fornire spiegazioni precise e curate rispetto ai temi dell'alcolismo, tabagismo, tossicodipendenze e smartphone addiction.

Il progetto è stato approvato nell'agosto 2016. Da allora il team si è riunito con cadenza settimanale per formarsi professionalmente e concordare lezioni, strumenti ed attività da proporre agli studenti.

Ad ottobre è stato presentato pubblicamente "ResponsAbilty – Progetto Dipendenze" e molti studenti, entusiasti, hanno preso volontariamente parte al progetto.

A febbraio 2017 sono iniziati gli incontri, cinque per ogni classe, della durata di circa due ore, in cui venivano proposte ai ragazzi varie attività. Abbiamo deciso di condividere tramite un gruppo facebook e questo libro parte del materiale prodotto in aula, al fine di coinvolgere il maggior numero di persone possibili, convinti che la crescita di ogni ragazzo dipenda anche dalla maturità e dall'interesse mostrato dalla comunità in cui vive. Il libro propone come spunto di riflessione un'attività in particolare, "Lettera a me stesso tra 10 anni drogato", una lettera creativa scritta dai ragazzi ed utilizzata come punto di partenza del percorso.

# COME SI LEGGE IL LIBRO

*A cura di Daniele Gatti*

Questo libro non è un manuale, e non ha nemmeno la pretesa di dare risposte a grandi domande universali, vuole solo stimolare riflessioni consapevoli su temi quali il rapporto con le dipendenze da sostanze, l'adolescenza ed i processi mentali sottostanti, nonché cercare di fare chiarezza su queste tematiche. Il libro è diviso in due parti: nella prima sono riportati testi dei ragazzi che hanno preso parte al progetto ResponsAbility; nella seconda invece sono esposti in maniera divulgativa i temi alla base delle riflessioni fatte sugli scritti inseriti nella prima. Dal punto di vista editoriale, si è deciso di stampare sulla pagina di sinistra le produzioni dei ragazzi e sulla pagina di destra le nostre riflessioni, così da non rendere frammentaria e chiassosa la lettura (Vedi pag.12).

Il lettore potrà quindi decidere consapevolmente se tener conto durante la lettura delle nostre riflessioni o formularne di sue e poi confrontarle con le nostre ed eventualmente integrarle. Le riflessioni proposte non sono le uniche possibili, il lettore avrà infatti piena autonomia nel rapportarsi con quelle ed eventualmente rigettarle o migliorarle. Come detto, l'intenzione alla base delle riflessioni non è dare risposte, ma stimolare l'interesse. Gli interventi possono sembrare retorici e scontati talvolta, ma è comunque opportuno interrogarsi a fondo sul perché lo sembrino.

Le trattazioni inserite nella seconda parte non sono da ritenersi collocabili all'interno di un particolare approccio psicologico (salvo quando segnalato), quanto come risultato di discussioni di carattere vario ed integrato tra tutti i diversi punti di vista. È parere di chi scrive ritenere che l'integrazione dei vari apporti sia ben più utile dell'applicazione cieca di uno solo di quelli, per quanto possa sembrare completo.

Chi, leggendo, avesse l'impressione che la persona affetta da tossicodipendenza sia trattata come un malato, si ritenga nel giusto. È parere di chi scrive che classificare una persona affetta da tossicodipendenza come drogato, ne limiti le prospettive di guarigione non solo sul piano organico, ma anche su quello umano ed ontologico. I disturbi di dipendenza sono patologie da combattere come tutte le altre e non riteniamo corretto stigmatizzare chi per motivi vari è inciampato lungo il suo arco di vita. Per parafrasare una frase di un noto scrittore statunitense: in quanto umani non dovremmo giudicare, dovremmo capire. È logico che questo criterio di comprensione non sia applicabile ad ogni ambito dell'esistenza, ma riteniamo corretto applicarlo a questo.

Siccome nella pagina di destra si citano spesso termini di carattere spiccatamente psicologico, ci è sembrato opportuno approfondirne i contenuti nella seconda parte. Oltre ad una trattazione teorico-divulgativa degli elementi citati, sono presenti anche alcuni capitoli sulle caratteristiche nosografiche della dipendenza e dell'abuso da sostanze, sulla riabilitazione, sulle tipologie di stupefacenti e sulle loro azioni a livello biologico, psicologico e cognitivo. È sembrato opportuno anche inserire alcune parti circa le strutture presenti sul territorio che si occupano di riabilitazione delle dipendenze e sul primo soccorso laico. I contenuti presentati in questa parte vanno generalmente a coprire le domande posteci dai ragazzi durante gli incontri, la cui attenzione si focalizzava soprattutto sulle motivazioni, sugli effetti e sulla riabilitazione del disturbo di dipendenza da sostanze.

Chi fosse interessato ad approfondire i temi trattati nei vari interventi può trovare nelle pagine finali una Bibliografia essenziale. Si è scelto di adottare una scrittura lineare e divulgativa per poter coinvolgere il maggior numero di persone possibili, essendo il tema delle dipendenze molto dibattuto e talvolta oscuro. Una stesura scientifica con riferimenti, dati, tabelle e grafici avrebbe scoraggiato il lettore ed avrebbe reso più ostico l'approccio e la comprensione di queste problematiche. Le informazioni riportate però fanno riferimento a teorie assodate, studi ed evidenze scientifiche di validità indubbia, appunto, chi fosse interessato ne può approfondire la trattazione nei testi riportati in Bibliografia.

Come si potrà evincere, questo libro è frutto del contributo di varie figure professionali, ed è da intendersi come risultato di una collaborazione multidisciplinare.

# CREATIVITÀ, LINGUAGGIO E
# SCRITTURA ESPRESSIVA

*A cura di Daniele Gatti*

Vi sarà capitato magari di sperimentare quella sensazione immediata che deriva dal risolvere un problema senza ricorrere a varie prove ed errori, semplicemente guardandolo da un altro punto di vista, ristrutturandolo, trovando una soluzione a cui nessuno aveva mai pensato. Per la sensazione esistono molti nomi (paura, angoscia, sorpresa, gioia ...), e dipendono dal contesto e dalla situazione; per il meccanismo che letteralmente produce la soluzione, si parla di creatività.

Di frequente riconduciamo la creatività a personaggi visionari, che hanno anticipato i tempi soprattutto dal punto di vista artistico-letterario. Spesso quando si parla di Salvador Dalí o di Pablo Picasso si è appunto soliti citare la loro creatività oppure vengono considerati "creativi" quegli individui che passano la giornata a pensare cose nuove, inventare jingle o cartoni animati. La creatività è però una componente decisamente più diffusa, come ogni qualità è posseduta da tutti in un certo grado e viene messa in atto in maniera del tutto inconsapevole. Nel tentativo di risolvere un problema si possono mettere in atto varie strategie, ricorrere ad algoritmi, euristiche, analizzando logicamente il problema, oppure si può produrre qualcosa di nuovo, qualcosa a cui nessuno aveva pensato, qualcosa di creativo. È creativo aggiungere un certo ingrediente in una ricetta, accostare due colori in maniera audace, inventare storie o fischiettare motivetti mentre si sta seduti alla fermata del bus. La creatività è una componente intessuta nella trama stessa della nostra esistenza ed il fatto che un certo prodotto diventi più noto di altri è solo perché riveste una certa funzione sociale, non perché sia più creativo di molti altri.

Tanti oggetti che ci circondano sono frutto dell'esercizio della creatività, magari messa in atto da persone inconsapevoli dell'intero processo. Si prenda l'esempio dei Post-it, vennero creati dopo che un'azienda di colle produsse una colla ad alta tenuta che non si induriva. Di per sé questa colla sarebbe stata pessima, perché rivestiva solo una delle classiche qualità di tenuta e rapidità necessarie per la riuscita. Grazie però ad un'intuizione si è creato un nuovo prodotto che sfruttasse i precedenti fallimenti a proprio vantaggio ed ora è famoso in tutto il mondo.

L'esercizio della creatività è una necessità costante se si vuole padroneggiare questa funzione, non è sufficiente stare seduti in attesa che il processo si svolga da sé nel retro della nostra mente. È questo il motivo alla base della legge delle tre P che vale più o meno per qualunque componente dell'esistenza: Pratica. Pratica. Pratica.

Il linguaggio è un'altra componente a cui siamo pressoché assuefatti, ma che ci distingue dalle altre specie animali. L'esercizio della parola e l'espressione tramite quella di emozioni complesse, situazioni trascendenti o storie assurde è una prerogativa del genere umano. I Pink Floyd stessi hanno dedicato il loro ultimo album (The Endless River n.d.a.) al tema del linguaggio; in una canzone che unisce il sacro ed il profano, il celebre fisico Stephen Hawking tramite la macchina che gli consente di parlare spiega:

*"Il linguaggio ha consentito la comunicazione delle idee rendendo capaci gli uomini di lavorare insieme per costruire l'impossibile. Le più grandi scoperte dell'umanità sono giunte tramite l'esercizio della parola. Le nostre più grandi speranze possono diventare realtà nel futuro con la tecnologia a nostra disposizione, le possibilità sono sterminate: tutto ciò che dobbiamo fare è continuare a parlare."* (Talkin' Hawkin')

Ecco spiegati i motivi per cui si è deciso di adottare la scrittura creativa o, come appare più corretto riferircisi: scrittura espressiva, perché consente a chi la pratica di esprimere alcuni elementi di sé che talvolta non vengono verbalizzati appieno, quindi riformularli e comprenderli.

Nelle nostre intenzioni c'era soprattutto la volontà di stimolare i ragazzi all'esercizio di facoltà cognitive che utilizzano tutti i giorni incanalandole più o meno consapevolmente in forme di comunicazione quasi-didattiche. I temi in cui veniva richiesto di scrivere una lettera a se stessi fanno proprio quello, richiedono creatività nell'immaginare un sé futuro e nella decisione di cosa comunicare e come farlo, tramite il linguaggio. Non è un caso che molti dei ragazzi siano andati ben oltre le consegne, immaginando talvolta le cose come sogni, dialoghi o scene; allo stesso modo non è un caso se alcuni si sono applicati meno di altri o hanno spostato l'attenzione scrivendo a qualcun altro.

Tutti questi sviluppi sono indici di una fortissima variabilità interindividuale di cui è necessario tenere conto quando ci si approccia ad attività come queste. Negli anni tra la preadolescenza e l'adolescenza si assiste ad un miglioramento significativo nelle componenti cognitive, sociali e linguistiche (Vedi pag.43). Ad esempio durante questi anni si sviluppa appieno la capacità di pensare in maniera flessibile ed astratta, di organizzare ed integrare informazioni, di concepire una problematica da molteplici punti di vista e di comprendere le credenze ed i sentimenti dell'altro. Miglioramenti sostanziali avvengono anche nella coerenza con cui vengono utilizzati termini complessi e metacognitivi (decidere, anticipare, realizzare, desiderio, curiosità, solitudine...) nel linguaggio scritto e parlato. Si è deciso di proporre l'attività di scrittura espressiva perché capita spesso che venga richiesto di raccontarsi o raccontare fatti avvenuti od immaginati e perché ad essere valutata non è solo la forma, ma anche il contenuto.

Esistono inoltre molteplici evidenze scientifiche circa i benefici prodotti dalla scrittura espressiva in varie fasce di età, lo scrivere di eventi stressanti diminuisce i livelli di depressione, ansia e rabbia. In aggiunta, la scrittura espressiva, in quanto esercizio cognitivo, influenza il funzionamento di altri domini, quali la memoria, le performance scolastiche e le capacità di ragionamento. L'adottare un approccio sistematico di scrittura espressiva consente quindi di ottenere benefici sia in popolazioni normative, sia in soggetti a rischio. Gli effetti della scrittura dipendono dal contenuto di quanto prodotto, coloro che si focalizzano sulle strategie di coping (Vedi pag.65) mostrano un miglioramento nella capacità di adattamento e nell'affrontare i problemi che la quotidianità pone. Uno studio condotto dell'Università di Vancouver su 106 ragazzi non ha mostrato effetti negativi legati all'espressione delle proprie preoccupazioni ed emozioni tramite la scrittura, al contrario l'ottimismo dimostrava un significativo miglioramento. È possibile che durante la fanciullezza non si possiedano i mezzi per astrarre il significato dall'espressione e quindi riformularlo, al contrario dell'adolescenza. Si è ritenuto che i ragazzi fossero sufficientemente maturi per comprendere le tematiche trattate e rielaborarle con successo. Il senso delle attività proposte consisteva nel fornire ai ragazzi i mezzi per interrogarsi circa la necessità di negoziare e comprendere certe parti della realtà più a fondo, sviluppando strategie per affrontare i problemi che la vita pone. Concentrarsi su certi eventi rispetto ad altri tramite la scrittura e le attività di role playing darebbe loro modo di interiorizzare certe informazioni troppo spesso evitate o trasmesse tramite lezioni frontali.

Generalmente in letteratura scientifica gli studi che hanno utilizzato la scrittura espressiva hanno diviso i ragazzi in due gruppi per necessità sperimentali. Ad un gruppo veniva chiesto di scrivere circa episodi stressanti della loro vita ed all'altro invece veniva fornito un tema più triviale. Questo espediente consente di stabilire che i miglioramenti mostrati dai ragazzi che scrivevano di eventi emotivamente carichi fosse dovuto al contenuto della scrittura ed non ad altro. Nel nostro progetto, non essendo uno studio scientifico, si è preferito stimolare i ragazzi con le medesime tematiche emotivamente cariche, visti i risultati assodati presenti in letteratura scientifica. Nell'ottica di fornire i mezzi per negoziare con se stessi, con gli altri e con la realtà in generale, il far sperimentare tramite la scrittura il disagio derivante dalla dipendenza o la felicità dovuta alla realizzazione personale ci è sembrato il modo migliore per porre l'accento sulla differenza e sugli impatti delle singole scelte. Un recente studio effettuato nell'Università di Torino ha riportato risultati coerenti con le linee teoriche sopra esposte. In particolare i ragazzi che vi hanno preso parte hanno mostrato miglioramenti nella messa in atto di strategie di coping di successo.

Per com'è stata intesa, la scrittura espressiva è sia un mezzo che un fine. Mezzo perché consente di arrivare a risultati legati al benessere psicologico ed alla riflessione consapevole senza utilizzare una lezione frontale; fine perché comunque si è cercato anche di stimolare i ragazzi nell'esercizio continuativo delle proprie capacità intellettuali. Gli interventi di scrittura espressiva prevedono che i miglioramenti siano legati all'impegno profuso in essi, la speranza di chi scrive è aver gettato nelle menti dei ragazzi il seme dell'interesse e che questo possa crescere rigoglioso. È indubbio che da parte dei partecipanti ci sia stata una notevole collaborazione, e questo libro ne è il risultato.

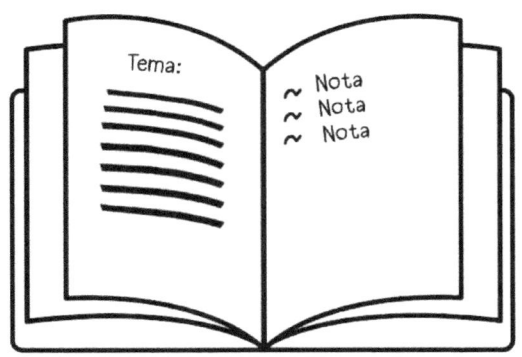

# Lettera a me stesso tra 10 anni drogato

*Grafica cura di Caterina Pietra, riflessioni di gruppo.*

È sembrato giusto riportare le produzioni dei ragazzi così come ci sono state consegnate, risparmiando quindi l'originale ed evitando di fare correzioni ortografiche o sintattiche.

Caro L. ,

ho saputo che hai iniziato a drogarti qualche anno fa e ora la droga per te è una dipendenza, io ti consiglierei di smettere per tanti motivi, il primo perché ti fa male e il secondo perché fai male alla tua famiglia, oltre a te stesso, anche se ti rende felice.

Pensa agli amici che ha perso per colpa sua, alle ragazze fighe, e a tutte le altre cose che hai perso.

Io come ho detto prima ti consiglierei di smettere però come ho detto e come dirò per sempre ognuno è libero di fare cio che vuole.

Ciao Boss

✒ C'è differenza tra dogarsi ed essere dipendenti?
(Vedi pag.90)

✒ La droga rende felici?
(Vedi pag.105)

✒ *"Ciao Boss"*

Nonostante le difficoltà legate alla dipendenza, L. nutre ancora fiducia verso il suo alter ego del futuro. Consiglia, ammonisce, ma soprattutto evidenzia la possibilità di poter scegliere ancora! *"Ognuno è libero di fare ciò che vuole"* è un'espressione che può essere intesa come un giudizio, ma anche come speranza! Essere Boss di se stessi può determinare il percorso di cura!

Caro M. forse ormai è tardi ma ci tengo dirti che forse è meglio che pensi a quello che stai facendo. ◁——— /!!/

Se te continui in questo modo non rischi solo di morire il più presto, che forse non sarebbe neanche male, perché non sofri più, le altre persone non rischiano di prendere malattie per te, dai meno lavoro agli spacciatori e soprattutto non sei più un peso per nessuno.

Nel caso tu continueresti a vivere devi pensare molto bene a quello che fai anche se ormai non hai più speranze perché non sai più nemmeno chi sei. ~~########~~

Ma se appena riesci ancora a capire qualcosa ascolta quello che ti dico: fatti curare "disintossicati". E goditi la poca vita che ti rimane senza drogarti e fare schifo come stai facen-do adesso.

Se sei riscito ad ascoltarmi bene se no affari tuoi.
Mi spiace per te ma questa situazione l'hai scelta te.

P.S. Mi dimenticavo di dirti che le persone come te al mondo sono un danno per tutti quindi dovessi mancare perché con-tinui in questo modo non dico che è giusto ma neanche ti voglio difendere perché tutti possono sbagliare ma ci sono sbagli e sbgli quelli come questo non si possono perdonare.

Un grande saluto e ascolta ciò che ti dice la gente buona.

M. D.

🗲 Sarebbe bene se i drogati morissero tutti? Sono tutti pericolosi?… C'è questa percezione nei ragazzi? Oppure, deriva dall'influenza di un pensiero socialmente condiviso?

🗲 Quali possono essere le principali malattie correlate ai disturbi da dipendenza? (Vedi pag.97)

🗲 *"Anche se non hai più speranze perché non sai più nemmeno chi sei"*
Qui M. accenna ad un argomento fondamentale: quello dell'identità personale. Una persona affetta da disturbo di dipendenza ha la piena consapevolezza di chi sia? Come manteniamo il nostro senso di identità? (Vedi pag.73)

🗲 Si può perdonare una persona con disturbo di dipendenza? Qual è il limite?

🗲 *"Ascolta ciò che ti dice la gente buona"*
Chi è la gente buona? La gente buona può giudicare o condannare quella cattiva?

Cara E. ,

non capisco come ti sia potuto succedere, ma non preoccuparti che come è normale sbagliare se ti impegni puoi riuscire anche a risolvere questo tuo problema.

Ora pensa, pensa ai tuoi amici, alla tua famiglia, al tuo futuro, ai tuoi sogni. Perché rinunciare a tutto ciò per qualcosa che felicità non potrà darti?
Diciamo che ti rovini la vita!
Ti consiglio di smettere il prima possibile prima che la situazione degeneri e diventi irrisolvibile.

Non solo stai allontanando le 1000 raccomandazioni dei tuoi genitori ma stai voltando le spalle alla tua vita, per usufruire di sostanze che non ti permettono di essere te stessa. Dimentica questi "amici" che ti hanno portato in queste condizioni e ricordati di quegli amici che hanno creduto in te e nelle tue capacità.

Ricordati dei sacrifici che hanno fatto i tuoi genitori per renderti felice e magari ringraziali di tutto smettendo.
Ricordati di quando da piccola amavi cantare e ballare e non permettere ad una droga di rovinarti questa felicità.

Sii te stessa senza sostanze perché sono sicura che se le persone ti vogliono bene e sono al tuo fianco è perché non ti vogliono diversa ma ti vogliono naturalmente come sei sempre stata!
Non rovinarti! Abbandona tutto e riprendi le redini della tua vita!

E.

ⵕ *"Amici" tra virgolette*

Che differenza c'è tra un vero amico e un "amico"?

(Vedi pag.80)

ⵕ Genitori e adolescenti! Tra le righe di questi temi il rapporto con mamma e papà è trattato con tantissime sfumature, come del resto anche quelle con amici e parenti. Ma come si strutturano le relazioni in adolescenza? (Vedi pag.43 e pag.80)

ⵕ In questa raccolta di temi, il testo di E. si presenta come uno tra i più corretti e puliti. È maturo, preciso e ordinato. E. utilizza termini complessi e metafore particolarmente ricercate (es. *Riprendi le redini della tua vita!*); sa riflettere in modo accurato e descrive in maniera precisa la sua condizione. Anche nelle difficoltà E. riesce ad avere un buon controllo di se stessa e nutre molta speranza. Tutto questo è indice di un'ottima capacità introspettiva. (Vedi pag.43)

Caro A. , di 10 anni fa,

ti scrivo per ricordarti la vita di quando non eri dipendente, andavi in giro, ti divertivi e facevi un sacco di cose che in fondo facevano tutte le persone normali.

Oggi non sono più lo stesso perché sono entrato in una dipendenza in cui uscire fuori non è semplice come si è entrati.

E da due mesi che tutte le sere alle 6 vado in centro per comperare sostanze stupefacenti perché non riesco a stare senza droga per più di un giorno.

Io vorrei uscire ma non ho nessuno che mi aiuti, di soldi non ne ho più li ho spesi tutti.

S. A.

✦ La droga non riguarda le persone normali? Se sei una persona "normale" non ti droghi?

✦ *"Vado in centro per comperare sostanze"*
La droga si compra in centro? Come mai A. ha questa idea? E dove si può recuperare la droga?
(Vedi pag.106)

✦ *"È da due mesi che tutte le sere alle 6 vado in centro"*
Da due mesi, tutte le sere: in questo testo c'è una ritualità del comportamento. Appuntamenti fissi, regole rigide: ma come mai? (Vedi pag.97)

✦ Chi si droga rimane solo? C'è un costo economico per la riabilitazione per i disturbi di dipendenza?
(Vedi pag.139)

Ciao L. ,

Perché? *uSei serror*
Sei sempre stato una persona attenta!
Devi riuscire ad uscirne!

E' entrato in te come il diavolo ma tu devi riuscire a libe-
rartene, lo so perché ti conosco.

So che ce la farai, la vera vita non è questa, così ti stai
solo rovinando, la vera vita, quella che tu dovrai vivere era
prima.

Puoi riuscire a liberarti e tornare una persona migliore, ri-
trovando la bellezza della vita, perché la bellezza non è
questa. Rifletti su queste cose!

L.

🗲 *"È entrato in te come il diavolo"*

Lo sai che l'LSD provoca allucinazioni visive?

(Vedi pag.119)

🗲 In alcuni testi la dipendenza viene vista come una colpa da imputare a chi fa uso della sostanza; in altri l'utilizzo di sostanze è trattato come una trappola sociale, conseguente alla frequentazione di compagnie poco raccomandabili. Qui, invece, L. tratta la dipendenza come un demonio che lo intrappola: la responsabilità del disturbo è solo della sostanza. *"Sei sempre stato una persona attenta"*... *"Lo so perché ti conosco"*; L. delega qualsiasi responsabilità umana (individuale o sociale) alla sostanza: unico vero protagonista del dramma.

Cara me del futuro,

io sono te, solo 10 anni fa, sono venuta alla tua conoscenza grazie a un libro...

Stavo leggendo quando mi sono accorta che sulla copertina c'era un codice numerico con il quale attraverso un app si poteva scaricare il formato digitale del libro.

Così sono andata sul sito e mentre stavo trascrivendo il codice è apparso sul fondo dello schermo con un link che diceva come sarei stata tra 10 anni, ho aperto, e ti ho vista:
in generale non sono cambiata molto, rispetto a me hai i capelli più lunghi, sei un po' più robusta e hai molti, forse troppi per essere me, piercing e tatuaggi.

Si forse è vero di aspetto ci assomigliamo ma di carattere non mi sono riconosciuta per niente... ho visto che ti stavi drogando, nonostante ho visto solo per 10 minuti quello che tu fai e sono rimasta veramente scioccata perché io non farei mai una cosa del genere!!!

Se mai riceverò una risposta da te vorrei sapere chi ti ha spinto a drogarti, perché lo fai?; sai che conseguenze ha?

Vorrei saperlo perché ho tanti sogni nel cassetto e non vorrei mai prendere la brutta strada che hai preso te

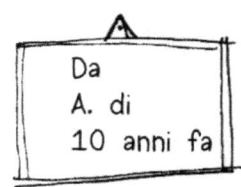

Da
A. di
10 anni fa

23

È interessante l'incipit della lettera: una lunga digressione che mette bene in evidenza le differenze generazionali ed i nuovi mezzi di comunicazione e relazione. Parallelamente, nasce un'altra riflessione interessante: A. ha utilizzato uno stratagemma artificiale per essere e scrivere di sé stessa nel futuro.

Piercing e tatuaggi predicono l'uso di sostanze? (Vedi pag.55)

A. non si riconosce in questa lei del futuro: sottolinea una dissonanza nei caratteri e si dice scioccata per questo percorso di vita che lei non intraprenderebbe mai.

Sono tutti spinti a drogarsi da qualcuno?

Chi si droga conosce le conseguenze della droga? E quali possono essere? (Vedi pag.90)

Ciao I. , sono te di 10 anni fa che ti scrivo.

So che in questo periodo ti stai facendo
"comandare" dagli effetti della droga, e questi effetti ti
hanno obbligato a lasciare il mondo della ginnastica, hai quasi
finito i soldi perché ti hanno licenziata.

Ti sei allontanata dagli amici e dalla famiglia, ma so che
tutto questo non lo ha mai desiderato e non avresti mai
pensato che, la droga che usavi solo per sfogarti, al posto
di altre cavolate, sia diventata un bisogno quotidiano.

Ma io ti voglio fare riflettere. ~~~~~~~~~~~
Sai che ci sono altri sfoghi?
Lascia stare la droga e torna in palestra, quella è la tua
passione ma pure uno sfogo.

Poi ci sono anche molti hobbi, e puoi farti aiutare dagli amici
o da psicologhi se hai problemi con i genitori e amici o con
te stessa.

Ma non sfogarti con la droga, perché io non voglio essere
criticata in futuro, ma soprattutto non voglio lasciare ginnastica proprio ora che sto avendo ottime opportunità.

🔸 La dipendenza comanda l'individuo? (Vedi pag.141)

🔸 Ci sono cavolate sane e cavolate meno sane?

🔸 La droga può essere considerata uno sfogo?

🔸 Suggerisce alla sua sé del futuro di riprendere ad andare in palestra: lo considera uno *"sfogo"* sano, ma al contempo una passione. Inoltre I. parla anche di un *"mondo della ginnastica"*. Probabilmente, per I. la palestra non è solo un momento di svago, ma è correlata ad un progetto di vita futuro (Vedi pag.72).

🔸 *"Io non voglio essere criticata in futuro"*
Emerge il tema del giudizio sociale. Inoltre, se la gente non criticasse il gesto o il senso comune lo permettesse, allora, sarebbe lecito drogarsi?

 Ciao T. !

Sono te nel passato, adesso ti sto scrivendo dal 2017 e probabilmente questa lettera ti arriverà quando avrai 24 anni! ~~Sei stato colui sempre che hai fatto la tua vita~~

Ti scrivo per farti riflettere sulle scelte che hai fatto.... secondo te drogarti è la soluzione ad ogni problema???

Stai facendo una cosa sbagliatissima perché, appunto, drogandosi non si risolve niente, anzi, si peggiorano le cose! Magari ti farà sentire benissimo mentalmente ma pensa che ci sono delle conseguenze sul tuo corpo!

 A pensare che fra dieci anni sarò un barbone drogato che vive su un marciapiede mi viene il magone! Pensa a tutti i tuoi cari e soprattutto pensa al nonno! Che a causa del fumo è morto! E tu gli volevi bene! Pensa anche che la vita è una sola e sprecarla in questo modo sarebbe da stupidi!

 Se hai dei problemi, al posto di drogarti, combattili, non fare il codardo! Pensa che se tu non avessi mai preso questa decisione magari avresti una famiglia ed un buon lavoro. Quindi ti prego... prima di prenderti una pastiglia pensaci due volte! Non fare lo stesso errore del nonno! Non smetterò più di dirtelo: pensa!

◆ Con affetto il T. del passato

P.S. Se non sono stato abbastanza convincente pensa anche a mamma e papà che ti hanno insegnato a vivere e tu li ripaghi così

27

🎵 *"Ti scrivo per farti riflettere"*

Al contrario di molte lettete, T. scrive a se stesso per riflettere: non gli comanda nulla!

🎵 *"Magari ti farà sentire benissimo mentalmente, ma pensa che ci sono delle conseguenze sul tuo corpo"*

Quali sono gli effetti della droga? (Vedi pag.97)

🎵 Tutti i drogati sono barboni e vivono sui marciapiedi? (Vedi pag.60)

🎵 *"Pensa al nonno…"*

T. fa un esempio reale, ci parla di un'esperienza vissuta che lo aiuta ad orientarsi in questa nuova situazione.

🎵 *"Magari avresti una famiglia…"*

Chi soffre per una dipendenza non può avere una famiglia? Tutte le persone con disturbo da dipendenza hanno una vita disfunzionale?

Caro T. ,

so che sei maggiorenne e magari tu non vuoi che io mi inficco nei tuoi fatti, ma siccome ti voglio bene, io avrei un desiderio.

So che anche tu mi vuoi bene ed è solo per questo che spero che tu prenda in considerazione il mio desiderio.
Io desidero non vedere una sigaretta nelle tue mani T. , io desidero vedere il ragazzo che avevo visto fin da piccola: non ti drogavi, non fumavi.

Non so che piacere provi fumando o drogandoti. Tutto quello che so e che il fumo non fa bene alla salute, ai tuoi polmoni, e poi, magari tu ti sei abituato e non ti rendi conto, ma io ti dico che solo quando entri per pochi minuti nella mia camera rimane un brutto odore di fumo che mi preme il cuore.

Ancora una cosa che on sopporto vedere è quando ti vedo con gli occhi gonfi, rossi e con un'aria che mi da l'impressione che tu non sai che ti stai provocando un male da solo, tu non sai o non ti rendi conto che sei diventato violento da quando hai iniziato a drogarti, che sei quasi sempre nervoso.

Negli ultimi mesi non mi ricordo di aver visto disegnato sulle tue labbra un sorriso, e mi manca molto vederlo. T. , ti prego prenditi cura di te.

Con amore

La tua cara A. ,
tanti bacioni

29

Uno dei temi più toccanti. La ragazza che scrive non ha seguito la traccia "Lettera a me stessa tra 10 anni drogata": si è invece lasciata andare ad un libero sfogo. Non ci è dato sapere se gli argomenti che riporta possano essere ricondotti ad una storia realmente accaduta; Le descrizioni particolarmente dettagliate e le emozioni di cui è intrisa la lettera fanno comunque tanto riflettere, forse commuovere. L'incipit è forte: piuttosto che rimanere in silenzio, A. decide di andare contro una sua regola: i maggiorenni possono fare ciò che vogliono e nessuno deve ficcarsi nei loro affari. Ma A. scavalca la regola per amore nei confronti di T.; termini come *"ti voglio bene"*, *"desidero… desiderio"*, *"mi preme il cuore"* accendono le righe di forti tonalità affettuose. Il corpo del testo è una gamma di descrizioni sensoriali disarmanti: tutto è raccontato come un'esperienza viva. La lettera si spezza alla fine con il ricordo di un sorriso sulle labbra, che manca e non c'è più; si rinnova l'affetto con un saluto finale: *"Con amore. La tua cara A., tanti bacioni"*

Caro d. di 25 forse drogato

Ti scrivo per dirti oggi o iniziato una roba
sulle dipendenze e mie venuto in mente di scrivere questo
la droga non porta felicità
forse sei depresso e no cerchi solievo in quella roba ma è
lincontrario perché porta solo dolore in più, il rischio di pic-
chiare una persona che ami per i soldi che non hai grazie
proprio alla droga che te ha consumato.

Ricordati che presto morirai grazie alla droga e li capirai che
è troppo tardi, quindi perfavore cambia strada, combattila,
perché niente è impossibile ed è anche la tua frase preferita
quindi svigiat e escine il prima possibile, prima che ti rovini.

Ricordati, hai persone che ti vogliono bene anche se forse
non lo vedi ma ci sono più vicine di quanto pensi. Ricordati
il film di Marilin Manson solo i deboli ci cadono e tu non sei
debole quindi vieni fuori da li PERFAVORE.

questa è una lettera che ti scrivo per incoraggiarti poi se
non mi vuoi ascoltare so cazzi tua, vuoi morire sta bravo
significhera che sei debole.

pero ascoltami ti prego.

→ Da d. te stesso. ←

🔁 *"Forse drogato"*…

Come mai forse? È una difficoltà ad immaginarsi?
Oppure, una speranza anche nel lavoro creativo?

🔁 Chi ha un disturbo depressivo è più portato a drogarsi?

🔁 *"Morirai grazie alla droga"*
Grazie? Perché non a causa?
C'è un'incoerenza/incomprensione linguistica.

🔁 *"Svigiat"*
Svigiat è un'espressione dialettale tipica dell'Oltrepò
Pavese. Letteralmente significa "svegliati!", "datti da
fare!". L'immediatezza di uno "svigiat" vale quanto tutti
gli ammonimenti della lettera.

🔁 Niente è impossibile? Durante il nostro percorso ci
siamo spesso confrontati con questa mancanza del limite.
È giusto non avere limiti? Cosa può comportare il senso
di libertà assoluta?

Cara me di 23 anni ti volevo chiedere come stai,

ti volevo anche chiedere che lavoro stai facendo o se stai facendo l'università e perché ti stai drogando! Cosa ti ha spinto a prendere questa decisione perché lo stai facendo?

Spero che uscirai da questo brutto vizio, e ritorni ha fare la tua vita da ragazza normale. Volevo anche sapere cosa dicono la mamma e il papà, e se lo sanno? come ti senti? voglio dare dei consigli che spero che ti aiutino:

1 prova a trovarti un hobbie cosi non ci pensi

2 prova a stare più con la gente ti daranno un sacco di supporto morale

3 stare più fuori di casa e respirare un po' di aria libera

spero che questi 3 consigli che ti o dato ti aiuteranno e sono quasi sicura che riuscirai ad uscire da questa dipender za perché tu sei molto forte!!!

Ciao da S. del passato
P.S. guarisci presto!

🔩 *"Ti voglio dare dei consigli che spero ti aiutino…"*

S. cerca di dare una mano alla sua sé del futuro attraverso una serie di suggerimenti molto pratici; avere una buona strategia è sicuramente un metodo valido per provare a risolvere i nostri problemi. (Vedi pag.65)

🔩 3 Consigli utili: spesso sul web troviamo articoli con titoli simili; può l'utilizzo di internet aver influenzato questo schema di proposte?

D. A.

Tema lettera a me stesso
Io tra 10 anni, 24 anni.

Sono a casa dal lavoro non ho figli ~~peleche cleere~~
Sono single e dipendo dai miei.

L'unica cosa che faccio è spendere i pochi soldi che ricevo
dai miei nelle macchinette nella speranza di vincere qualcosa e
permettermi di comperare mari juana

Le uniche volte che riesco a procurarmi una piantina di marijuana finisce che mi mettono dentro per 5 anni.
Nella vita posso solo fare questo non riesco darle una
svolta e cercare di trovare un lavoro e crearmi una vita sociale e una famiglia con dei figli.

Prima o poi finira che ammazzero i miei genitori per il
denaro e finiro dentro per spaccio e omicidio.

Lunica cosa che posso fare è parlare con uno psicologo, ma
pure quello costa, insomma la mia vita è nulla e la cosa che
converebbe è suicidarmi.

✔ Chi ha un disturbo di dipendenza non ha figli? È per forza single?

✔ D. considera le macchinette un'ultima speranza per vincere qualcosa; ma non è anche questa una dipendenza? (Vedi pag.102)

✔ Quali sono gli effetti della Cannabis? (Vedi pag.127)

✔ *"Prima o poi finirà che ammazzerò i miei genitori..."*
I ragazzi ascoltano e riflettono. Durante il periodo degli incontri con le scuole, al telegiornale era stato annunciato un fatto di cronaca nera simile a quello qui riportato. L'influenza delle notizie e degli accadimenti sui nostri pensieri è inevitabile: ciò che fa la differenza è il grado di riflessione a cui queste esperienze sono sottoposte.

✔ Suicidarsi è una soluzione? Esistono alternative? D. le conosce? (Vedi pag.149)

Oggi ho incontrato un uomo fuori casa mia barcollante, fatiscente. Mi sembrava drogato, ubriaco. Secondo me lo era.

Sembrava fosse appena uscito da una gabbia di scimmie pazze. Vomitava e imprecava aiuto, forse stava morendo, forse aveva assunto sostanze illegali, forse aveva bevuto troppo, qualunque fatto sia successo quell'uomo non stava affatto bene.

Aveva la barba lunga con alcuni tratti bianchi, segno di invecchiamento. Indossava de vestiti malridotti, pantaloni strappati di color verde opaco, quasi segno di averli trascurati. Era coperto da una maglietta e una giacca molto lunga, stile sovietico. Erano tutti e due molto sporchi con alcuni tagli segno di lotta con armi bianche.

Le due scarpe erano un paio di nike silver ma tutte aperte e sporche ad un certo punto un uomo chi si avvicinò e chiede se poteva portarlo in ospedale il drogato rispose che lui voleva portarlo in ospedale.

Il drogato rispose che lui voleva portarlo in ospedale solo perché dopo le visite portarlo dalla polizia. L'uomo controbatte dicendo che non era vero e a quel punto provò a tirare su il drogato.

Il drogato impazzi e si tirò uno schiaffo anche si mise a piangere. Il drogato urlava e ogni tanto emetteva questo parola: Aiuto.

Il drogato disse di poter uccidere luomo facendo a botte e si mise a capire l'uomo. L'uomo si difese e lo atterrò. Ora m i sono svegliato e ho scoperto di essere io il drogato.

D. D.

✛ La lettera racconta un sogno. Questa visione onirica del futuro è particolare e non si trova in alcun altro testo. D. non si riconosce nella persona con disturbo di dipendenza, se non al termine del racconto.

La lettera è creativa e dinamica, è chiaro come vi sia stato un impegno intellettivo meticoloso. (Vedi pag.43)

✛ La descrizione dell'abbigliamento è singolare e rinvia molto ad alcuni giochi per console, in cui appunto si utilizzano pantaloni e giacche particolari. Anche l'utilizzo di "armi bianche" potrebbe ricondurre a questi tipi di giochi virtuali.

D. parla anche di un paio di scarpe, aperte e sporche. La premessa alla riflessione è che D. durante gli incontri indossava esattamente le scarpe descritte, ma in buono stato. È allora interessante notare come la dipendenza per D. possa logorare ciò che si ha di bello e di nuovo.

✛ *"Aiuto."*

All'interno del testo c'è una richiesta di aiuto: non è ben chiaro se sia diretta all'evento o alla sua condizione generale. In entrambi i casi è un punto focale del testo.

## S. S.

Oggi mi sono incontrato per strada ho notato tutta la differenza e me c'è da quando ero ragazzo di 14 anni a 28 la
differenza sta che ho tutta l'indipendenza che non avevo
prima ma tutto cio mi ha portato a drogarmi e prendere
brutte amicizie queste brutte amicizie mi hanno portato a
vendere tutto quello che avevo pur di riuscire a comprarmi
la droga inparticolare la cocaina tanto che mi visi che me
stavo comprando altra.

La sera stessa mi hanno beccato a guidare in stato diebrez-
za e all'interno della macchina 500 grammi di cocaina. In
carcere ho riflettuto ne ho avuto di tempo la bellezza di 5
anni.

Finalmente arrivo il giorno di uscire. I miei famigliari hanno
notato i miei cambiamenti. L'unica cosa che è rimastauguale
è la fedina penale con 5 anni di carcere che perquesto
motivo sono stati rifiutati 5 lavori.

Oramai mi sono rovinato la vita ma ho capito le conseguenze.

🖊 L'indipendenza ti porta a drogarti? Ti porta ad essere irresponsabile? E, invece, quando sei dipendente dai tuoi, sei al sicuro? Quali limiti e quali opportunità comporta essere adolescenti? (Vedi pag.43)

🖊 Quali sono gli effetti della cocaina? (Vedi pag.140)

🖊 Emerge il tema dell'emarginazione sociale. Quanto funziona effettivamente il nostro sistema di riabilitazione? Quanto è seguito il reinserimento nella società e quanto la società è disposta a comprendere il disturbo di dipendenza? Le persone tendono ad etichettare l'individuo con la sua patologia? Quanto la giustizia è capace di far fronte alla riabilitazione?

Caro me...

L'ultima lettera di questo capitolo è spiazzante.

Abbiamo deciso di inserirla ugualmente, nonostante possa sembrare vuota. In verità il foglio bianco raccoglie la testimonianza del silenzio. È davvero complesso riuscire a decifrare questa pagina, e non è il caso di spingerci in interpretazioni personali che possono intaccare il vero significato. All'interno di questa pagina è racchiuso il mondo di un ragazzo, che non è riuscito o spontaneamente non ha voluto mostrare.

La sola riflessione che allora ci permettiamo di fare è su quanto si possa davvero conoscere una persona, da quella che incrociamo per strada a quella a cui affidiamo i nostri sentimenti più cari; fino ad arrivare a noi stessi ed alla nostra particolare individualità che, nonostante ci appartenga, spesso fatichiamo a cogliere.

# ADOLESCENZA E TEORIA DELLA MENTE

*A cura di Daniele Gatti*

L'adolescenza è senza dubbio uno dei periodi più complessi che ci si trova ad esperire durante tutto l'arco di vita, le varie sfaccettature che la compongono e la continuità tra benessere e disagio psicologico che si può vivere durante tale periodo non possono essere racchiuse con successo in questa trattazione. Per questo motivo, salvo diversa indicazione, quando si parlerà di adolescenza lo si farà rispetto ad un quadro di sviluppo normativo, escludendo quindi le situazioni atipiche.

Dal punto di vista biologico si può ritenere che l'adolescenza inizi con la pubertà, intorno ai 12-13 anni, e termini generalmente col raggiungimento della maggiore età; dal punto di vista sociale e psicologico la questione si fa più complessa ed intenderla come un periodo di cambiamenti non basta a rendere l'idea; l'adolescente si trova a vivere infatti la conflittualità legata al non essere più un bambino, ma contemporaneamente neanche/non ancora un adulto.

I recenti cambiamenti socioeconomici, come le difficoltà di impiego ed il matrimonio tardivo, ne hanno inoltre virtualmente allungato la durata. L'adolescenza potrebbe essere considerata come una delle tante prove che ci vengono poste durante il percorso dell'esistenza ed il suo superamento consisterebbe nel venire a patti col proprio corpo, con la propria identità e con le responsabilità caratteristiche dell'età adulta: un filosofo colombiano una volta ha detto che: *"Maturare non significa liberarsi dalle proprie ambizioni, ma accettare che il mondo non è obbligato a soddisfarle.".*

L'adolescenza è il periodo in cui viene messa in discussione la propria identità infantile al fine di rielaborarla e ridefinirla sulla base dei propri desideri e delle proprie aspettative. Ci si trova ad abbandonare modelli di identificazione proprie della fanciullezza per abbracciarne di nuovi, che definiscano ciò che si vuole o si può diventare. Secondo Milton Erikson – noto psicanalista – il rischio maggiore è di incorrere nella confusione del proprio ruolo, conservando all'interno del sé una personalità diffusa e frammentaria, che non renda conto in maniera efficace di chi si è realmente. Quando il processo di crescita va a buon fine si riconoscono nell'identità le caratteristiche di coerenza e continuità, di accettazione dei propri limiti e di senso di reciprocità propri dell'età adulta. Un ragazzo che non ha sviluppato un corretto senso di sé e della propria identità sarà vulnerabile all'andamento emotivo del gruppo di appartenenza o delle persone che lo circondano, siano questi buoni o cattivi esempi.

Tra i tanti cambiamenti che occorrono a livello biologico e cognitivo, quelli che maggiormente contraddistinguono un adolescente sono legati al pensiero ed al suo esercizio. Non che un bambino non sia in grado di pensare, ma concentra le proprie energie su oggetti, persone ed atti fisici, l'adolescente al contrario aggiunge alla fisicità, la capacità immaginativa di pensare il mondo. Esempi di questi sviluppi sono evidenti nella messa in atto costante di critica circa le scelte altrui, nella necessità di discutere per fondare le proprie credenze ed i propri valori, nell'esecuzione e talvolta nell'ebbrezza che dà questo potere legato al pensiero.

Il bisogno di spiegazione e l'attribuzione di un senso ai fatti avviene tramite la narrazione ed il racconto, l'adolescente è in grado di elaborare trame raffinate e di attribuir loro un significato psicologico preciso. Il pensiero narrativo è fondamentale anche nell'apprendimento, un giovane in grado di rielaborare ed interiorizzare i fatti esterni riesce con maggiore facilità a pensare alle informazioni astratte e farle sue, esaminarle e verificarle.

Durante l'adolescenza, per la prima volta, ci si trova ad affrontare la socialità in una maniera differente rispetto all'infanzia: si può interagire con strutture e sovrastrutture sociali comprendendone meglio il significato rispetto a prima, gli interessi possono coinvolgere la politica, le arti od i valori ad un livello più profondo e si vengono a creare all'interno della personalità una serie di sfaccettature più raffinate e determinanti in funzione dello sviluppo.

All'interno della vita dell'adolescente sono di indubbia influenza le relazioni con la famiglia e coi pari, mentre le prime fungono da fattore protettivo e forniscono all'individuo direttive scolastiche e lavorative, le altre impattano maggiormente nella socialità quotidiana. L'adolescenza è un percorso che necessita l'applicazione congiunta di genitori e figli, infatti i legami precedenti vengono a trasformarsi durante tale periodo, l'adolescente deve ricercare la propria identità in relazione, e talvolta in opposizione, alla famiglia, differenziandosi da essa ed integrando nel proprio sé le necessità di autonomia e dipendenza che ne derivano.

Il gruppo dei pari riveste in tale periodo un ruolo centrale all'interno della vita dell'adolescente e ne soddisfa i bisogni di affiliazione e di appartenenza, fornisce supporto, condivisione, approvazione e riferimenti che il giovane elabora nella costruzione della propria identità.

Nell'adolescenza, per la prima volta, si riesce a concepire il rapporto amicale con l'altro sesso e sviluppare col sostegno del gruppo tali relazioni. I precedenti fenomeni di inclusione-esclusione sulla base delle differenze di genere vengono gradualmente a cadere e questo consente la creazione dei primi rapporti intimi e sentimentali; il tema della sessualità e della conoscenza dei meccanismi che vi stanno alla base acquisisce grande importanza.

La capacità di instaurare amicizie e di coltivare tutte quelle capacità che stanno alla base del loro funzionamento, come negoziazione e cooperazione, sono generalmente considerate indici di benessere psicologico e la loro presenza garantisce un fattore protettivo nei confronti dei rischi di disagio psicosociale. Mentre nella preadolescenza la natura dell'amicizia si esplicita nella condivisione di esperienze piacevoli e positive, nell'adolescenza prevalgono il principio di uguaglianza, l'accettazione dell'altro ed il rispetto reciproco che ne deriva. L'amicizia diventa quindi un legame da cui esigere intimità, vicinanza, empatia e fiducia in maniera qualitativamente differente rispetto alla fase precedente. Gli adolescenti infatti si servono del patto amicale stretto coi pari per condividere confidenze e fantasie che talvolta è difficile comunicare ai genitori, il legame di fiducia è alla base di tale rapporto e la sua infrazione ne preclude la continuazione. Il ruolo del pari in questo senso è quello di contenitore di confidenze, che vengono rielaborate e restituite sotto forma di soluzioni comuni ai problemi quotidiani.

L'esigenza di appartenere ad un gruppo di pari e parallelamente creare legami intimi e sentimentali con un altro conspecifico richiedono la messa in atto di abilità di negoziazione e comprensione. L'esistenza in parallelo dell'appartenenza a due modalità sociali differenti (gruppo e coppia) che possono anche venirsi ad instaurare nelle medesime situazioni mette a nudo la necessità di rimodulare le regole che ci si era imposti, al fine di prevenire conflittualità o allontanamenti dolorosi da una delle due parti.

La gestione dei rapporti sentimentali dell'adolescente è critica quando viene vissuta all'interno del contesto famigliare; la presenza di una coppia segnala il progressivo allontanamento del giovane dai genitori e, anche se la durata di questo processo dura molti anni, ne costituisce l'atto di inizio.

La comprensione e l'interpretazione delle norme sociali e legislative, delle abitudini e dei pensieri altrui sono abilità che devono necessariamente essere presenti per un corretto sviluppo. È necessario quindi rendere conto anche dell'esistenza altrui in relazione alla propria e viceversa, per arrivare ad intendere l'altro come essere umano con gli stessi diritti, le stesse necessità e talvolta le stesse conflittualità che ci si porta dentro. Questi concetti di rappresentazione degli stati mentali propri ed altrui (mentalizzazione) ed autoriflessività circa le facoltà cognitive (metacognizione) sono racchiusi in un costrutto psicologico molto popolare ed efficace: la teoria della mente.

**La teoria della mente** è appunto la capacità di riconoscere l'esistenza degli stati mentali ed inferirne una relativa soggettività a seconda delle situazioni e degli individui coinvolti. Il riconoscimento degli stati mentali non è però fine a se stesso, se utilizzato correttamente consente di ipotizzare e spiegare il comportamento altrui e, portando all'estremo questa concettualizzazione, è ciò che ci rende umani. Se una persona per strada ci pesta un piede e subito si scusa, siamo in grado di stabilire con un elevato grado di certezza che questi non l'abbia fatto apposta e che sia sinceramente dispiaciuto. Nello stabilire l'intenzionalità teniamo conto dei movimenti, delle componenti verbali e di quelle non verbali ed attribuiamo ad esse un significato coerente con la situazione.

La teoria della mente matura durante tutto l'arco di vita e si possono individuare fin dai primi mesi di nascita alcuni segnali del suo sviluppo, come ad esempio l'imitazione delle espressioni facciali o la richiesta di attenzione condivisa. La maggior parte degli studi hanno indagato le varie sfaccettature di questa abilità nei bambini in età prescolare e scolare, ma è durante l'adolescenza che la teoria della mente diviene centrale all'interno della vita dell'individuo. L'adolescente infatti è in grado di superare nella maggior parte dei casi la tendenza tipica del bambino di ricondurre tutto a sé o ad una conseguenza delle sue azioni.

La teoria della mente ed il suo sviluppo sono strettamente legati alle capacità di giudizio morale dell'individuo, in particolare queste ultime dipenderebbero in gran parte dal grado di mentalizzazione, cioè la capacità di considerare la propria mente e quella altrui come operanti e di rappresentarsi internamenti gli stati mentali. Un adolescente riesce agevolmente a comprendere che il criterio cardine per giudicare un'azione non stia nelle conseguenze, ma nelle intenzioni dell'operante ed è in grado di interiorizzare leggi implicite ed esplicite legate a vincoli morali. Per tornare all'esempio esposto sopra, se il pestone ricevuto ci procurasse un intenso dolore, saremmo propensi a rimproverare l'altra persona solo se questi avesse agito intenzionalmente. Così allo stesso modo si tende a giudicare come buona, cattiva o neutra un'azione in base alle intenzioni che hanno portato alla sua messa in atto, più che alle conseguenze che porta con sé.

Lo sviluppo della teoria della mente sembra procedere di pari passo con quello delle funzioni esecutive, ovvero, in termini generali, delle capacità di pensare in maniera astratta, di inferire leggi dal contesto, di ignorare stimoli interferenti e regolare in maniera attiva il rapporto con l'ambiente. Appare quindi chiaro come possedere una buona teoria della mente stia alla base del rapporto con l'altro e come comprenderne desideri, intenzioni, aspettative, percezioni e timori costituisca il senso dell'essere intrinsecamente animali sociali.

In conclusione se si vuole vedere l'adolescenza come un dialogo con se stessi, una rinegoziazione dei propri valori ed una ricerca nelle profondità dell'Io, si può esprimerla con le parole di Walt Whitman:

*"Se al principio non mi trovi, insisti,*

*se non sono in un posto, cerca in un altro,*

*io mi fermo da qualche parte ad aspettarti.".*

...

*A cura di Giuseppe Marino*

Questo capitolo spezza un po' gli schemi: non comincia con un titolo, ma con un gioco!

Occorrente:

- Un foglio bianco
- Una penna

Osserva questa figura.

Quanti triangoli ci sono? Scrivi il numero sul foglietto.

Andiamo avanti, adesso leggi questa descrizione:

"Giorgio è riservato e introverso. Quando occorre qualcosa c'è sempre, ma non nutre particolare interesse nelle relazioni personali. Adora invece fare grandi viaggi di fantasia. È una persona calma e precisa: ha la passione per l'ordine. Per Giorgio ogni cosa ha un posto e tutto deve essere al posto giusto: tutto tranne i sogni."

Che lavoro fa Giorgio?

- Cassiere
- Agricoltore
- Pilota sportivo
- Bibliotecario
- Chirurgo

Hai scelto? Bene, scrivi la risposta. Il gioco continua...

Immagina di essere a un tavolo da gioco: il croupier ti invita a sederti e la prima puntata la fai su un generico rosso. La roulette gira e .. rosso! Vinci la posta. Ripeti la scelta alla seconda puntata e vinci di nuovo. Tocca ancora giocare: guardi il nero, guardi il rosso e decidi nuovamente di affidarti al trapezio color rubino. La ruota gira, la pallina salta da un numero all'altro e... 21, rosso! La fortuna è dalla tua parte! Adesso tocca ancora giocare: Rosso o nero? E perché? Scrivi sul foglio la tua risposta.

Fatto? Ora leggi il racconto che segue…

Siamo nel selvaggio west. Un piccolo gruppo di banditi vuole fare un grosso colpo in banca. Il problema è che durante il giorno l'area attorno alla banca è davvero molto trafficata, e comunque il portone sarebbe troppo complesso da aprire persino di notte. Una volta dentro, sarebbe semplice svignarsela saltando da un tetto all'altro, ma come fare a entrare? Ad un bandito viene in mente un trucco! Decidono di nascondersi tutti in un grosso baule di legno e di farsi recapitare alla banca in tarda serata, con un biglietto annesso *"Si prega la Direzione di custodire il baule ed il suo contenuto fino all'indomani, giorno in cui verrà aperto assieme per concordare i termini di un ricco deposito. E.S. Bottles"*.

Secondo te, riuscirà il colpo in banca? Scrivi sul foglio la tua risposta e le motivazioni.

Per finire..

NON PENSARE A UN ORSO BIANCO!

NON PENSARE A UN ORSO BIANCO!

NON PENSARE A UN ORSO BIANCO!

A cosa stavi pensando leggendo le tre righe in grassetto? ☺ Scrivi.

Molto bene. Adesso possiamo presentare il titolo di questo capitolo:

## PREGIUDIZI, STEREOTIPI
## E STRATEGIE DI PENSIERO

La pasta al forno della nonna è sempre la più buona, i carabinieri fermano sempre le solite persone, i promessi sposi sono un testo noioso (ma mai quanto i Malavoglia), solo le donne licenziose portano gonne corte e attillate, gli uomini con la barba sono chiaramente più bravi a letto e una mela al giorno toglie il medico di torno. Potremmo andare avanti all'infinito. Frasi fatte, proverbi, aforismi, ritornelli, modi di dire: sono tutte espressioni e filosofie che utilizziamo sistematicamente nel nostro vivere quotidiano. È difatti naturale pensare che la facoltà scientifica sia nettamente più difficile di una laurea umanistica, che l'erba del vicino sia sempre più verde e che l'ambulanza sfrecci a sirena spiegata per un arresto cardiaco, piuttosto che per un bimbo che ha fretta di nascere.

Questi nostri modi di pensare vengono chiamati euristiche! "Euristiche" è un termine psicologico che sta ad indicare quelle strategie di pensiero che mettiamo in atto quando non abbiamo la certezza dei fatti, né il tempo o la voglia di pensare all'effettivo andamento logico del pensiero. Il nostro cervello le utilizza per risparmiare energia: verificare ogni volta una qualsiasi situazione e calcolarne in modo rigoroso cause e conseguenze comporterebbe grande fatica e un utilizzo smisurato di energia. Il nostro cervello è un organo parsimonioso: ha sempre il timore che possa mancare del carburante. Per questo motivo, la mente ha inventato una serie di stratagemmi per fare economia. Durante il corso degli anni, la nostra esperienza ha catalogato miliardi di risposte automatiche e generiche per far fronte agli accadimenti più consueti.

Ma se è certo che questi escamotage ci aiutano nel nostro quotidiano, è altrettanto vero che possono trarci in inganno o limitare le nostre riflessioni. È il caso dei regali inaspettati, dei trucchi di magia, delle situazioni improvvisate, dei film dai finali a sorpresa - ma anche dei pregiudizi, degli stereotipi e dei falsi miti in cui spesso inciampiamo, o peggio alimentiamo. Insomma, anche le euristiche hanno due facce per la stessa medaglia: una parte buona, l'altra meno.

Cerchiamo quindi di capire assieme quali siano gli errori che facciamo con più frequenza e come questi influenzino il corso della nostra vita.

Introduciamo l'argomento presentando Daniel Kahneman, psicologo israeliano che assieme ad Amos Tversky fu pioniere degli studi sui processi decisionali. Nel 2002 fu insignito del Nobel per l'economia "per aver integrato risultati della ricerca psicologica nella scienza economica, specialmente in merito al giudizio umano e alla teoria delle decisioni in condizioni di incertezza". Senza il suo contributo, molto di ciò che oggi si conosce sulle euristiche sarebbe ancora sconosciuto. Questo capitolo ha preso ispirazione da *"Pensieri lenti e veloci"*, uno dei suoi libri più celebri.

Kahneman divise i processi decisionali incerti in 3 macro categorie:

1. Euristiche della rappresentatività
2. Euristiche della disponibilità
3. Euristiche dell'ancoraggio

## Euristiche della rappresentatività

Le euristiche della rappresentatività funzionano così: quanto più A somiglia a B, allora A sarà rappresentativo di B. Quindi, la rappresentatività cerca di raggruppare i pensieri in unità con caratteristiche simili. Un esempio è il caso sopracitato di Giorgio. La maggior parte delle persone al quesito "Che lavoro fa Giorgio?" risponderà scegliendo il ruolo del bibliotecario; questo perché il profilo che si è dato di Giorgio ricorda lo stereotipo che tutti abbiamo di chi lavora tra i libri. Una persona tranquilla, sognatrice, sempre disponibile e molto mansueta. Un pilota di corsa non ce lo immaginiamo così, eppure questo non significa che non esista...

L'euristica della rappresentatività è anche quella che ci fa credere che gli psicologi abbiano il potere di leggere nella mente o che le suocere siano terrificanti creature mitologiche. Ma se questi esempi possono farci sorridere, ve ne sono altri che scatenano pensieri di gruppo equivoci, fraintendibili e talvolta discriminatori e molto pericolosi: alcuni esempi possono essere "non c'è più lavoro per i ragazzi", "se non ti svendi non arriverai da nessuna parte - ammesso che tu non sia figlio di papà", "tutti gli stranieri sono delinquenti" ecc. ... Per quanto riguarda il tema della droga, certi stereotipi potrebbero essere "chi si droga non pensa ai famigliari", "tutti i drogati sono poveri o gente poco raccomandabile", "se ti droghi sei un fallito".

L'euristica della rappresentatività la utilizziamo spesso, a volte però ne rimaniamo invischiati. Questa strategia è insensibile alla probabilità a priori dei risultati o alle dimensioni del campione in oggetto: ovvero non tiene conto di quanto un evento possa effettivamente verificarsi. Esistono più agricoltori o bibliotecari? Ovviamente più agricoltori, quindi statisticamente sarebbe stato più corretto rispondere "contadino" alla domanda "Che lavoro fa Giorgio?" eppure...

Inoltre questi pensieri non tengono conto della casualità. Riprendiamo in mano il nostro foglietto e torniamo al gioco della roulette: ebbene, non esiste una giocata corretta, in quanto vi sarà sempre il 50% di probabilità che esca rosso o che esca nero. La successione dei colori non è determinata né influenzata dalle sessioni precedenti. Il nostro cervello tende invece a raccogliere dati ed unirli, nonostante questi possano non avere alcun legame effettivo. Se una persona decide di tatuarsi, di vestire degli abiti larghi e strappati o farsi un piercing al labbro o sulla lingua non significa che automaticamente sia un poco di buono o sniffi cocaina.

A sostegno di queste modalità di pensiero c'è anche il nostro orgoglio personale, per cui tendiamo a difendere un pensiero solo perché nostro: per qualcuno può essere difficile accettare di aver torto, anche quando l'evidenza è palese. Capita allora che si cerchi di affermare uno schema mentale, anziché metterlo in discussione. Se pensiamo che i drogati siano tutti destinati ad un triste percorso, ricercheremo vicende tragiche che possano confermare i nostri pregiudizi; schiveremo, invece, volontariamente o meno, quelle storie di vita che raccontano di persone serenamente riabilitate.

# Euristiche della disponibilità

Tramite l'euristica della disponibilità si formulano previsioni facendo affidamento sui ricordi o ad eventi che per similitudine possano essere riconducibili al pensiero in oggetto. Se ora si parlasse del mito del cavallo di Troia, non si creerebbe troppo scandalo tra i lettori: molti avranno pensato a questo passo mentre leggevano il racconto dei banditi del west. Difatti, come Ulisse si era nascosto nel ventre di un cavallo di legno per sgominare l'antica Ilio, così anche i banditi del racconto si sono rinchiusi dentro un baule per attendere la notte ed agire indisturbati dentro la banca!

L'euristica della disponibilità è quella strategia che utilizziamo spesso quando anticipiamo o interpretiamo le emozioni delle persone con cui interagiamo. Immaginiamo di essere una buona forchetta e stiamo chiacchierando con uno sconosciuto riguardo le reciproche cene passate. Mentre conversiamo il nostro interlocutore ci dice: «.. dopo gli antipasti, il cameriere mi porta questo grande piatto di ravioli al brasato».. immaginando l'appetitosa portata sfoggiate un sorriso di approvazione, ma successivamente il vostro interlocutore dichiara di mantenere una dieta rigorosamente vegetariana. Avete fatto una gaffe. Come mai questo? Perché avete anticipato un'emozione, facendo riferimento ai vostri passati ricordi culinari.

Anche questa euristica può portare a diversi pregiudizi. A seguito di una nostra brutta esperienza con una persona con disturbo di dipendenza, tenderemo a sostenere in maniera semplicistica che chiunque faccia uso di eroina sia da evitare perché pericoloso (qui potremmo riflettere a lungo anche su quanto sia facile confondere la persona con la sua difficoltà, in questo caso l'abuso di sostanza). Se un ragazzo fumerà una canna e dopo il periodo di confusione tornerà alla sua lucidità routinaria, tenderà a credere che fare uso di cannabis non comprometterà la sua salute nel lungo periodo: ovviamente sbagliando (Vedi pag.127). Questa è l'euristica della disponibilità.

## Euristica dell'ancoraggio

### NON PENSARE A UN ORSO BIANCO!

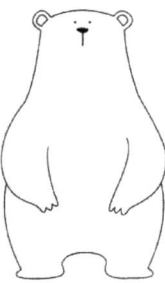

Avete pensato anche per un attimo ad un orso bianco? E poi, quanti triangoli avete trovato nella prima figura? Beh, la risposta corretta è che nella prima figura non ci sono triangoli. Difatti, perché nel disegno siano presenti triangoli i lati della figura dovrebbero essere chiusi. Il triangolo è una figura piana delimitata da tre segmenti (lati) che congiungono a due a due tre punti non allineati (vertici).

Questa strategia di pensiero viene chiamata euristica dell'ancoraggio: in molte occasioni le nostre stime sono condizionate da situazioni iniziali, che accomodiamo in modo da fornire le risposte finali. Si potrebbe descrivere questa modalità di pensiero utilizzando il ciclo "La prima impressione è quella che conta" e concludendolo con "te l'avevo detto". Implicitamente, si tendono ad aggiustare le nostre modalità di pensiero e di azioni, in modo tale che il risultato finale sia coerente con la prima supposizione.

Siamo sul treno. Dopo qualche fermata, sale una persona vestita in modo non troppo curato, con alcuni strappi ai pantaloni e una scarpa slacciata. È sporco e ha un'aria molto stanca. È rosso in volto e annaspa: ad occhio non pare troppo lucido. In quel momento, la vostra prima impressione non è delle migliori: improvvisate una telefonata e al termine prendete posto a qualche sedile di distanza. Arriva il controllore, il personaggio trasandato si alza. Pensate "Ecco, il solito drogato senza biglietto". Invece l'uomo va verso il controllore e gli domanda se può aiutarlo a chiamare i carabinieri ed avvisare casa perché è stato appena derubato.

Questo tipo di emarginazione accade anche all'inverso, dove una persona con disturbo di dipendenza crederà di non aver possibilità di approccio con un gruppo differente da quello frequentato per drogarsi. Potrebbe anche lui pensare che siano gli altri sempre ad evitarlo e quindi euristicamente tenderebbe a sostenere di non aver alcuna chance di risollevarsi dalla sua situazione.

## In conclusione del capitolo

Giocando e immergendoci in alcune situazioni tipo abbiamo chiarito alcuni sistemi con cui viene modulato il nostro pensiero. Le euristiche sono escamotage evolutivi, atti a ridurre i costi cerebrali ed accelerare le nostre scelte, decisioni e giudizi. Ciò nonostante, proprio per la facilità di utilizzo e la rapidità di esecuzione, è frequente affidare ogni nostro pensiero a queste strategie: tramutando l'euristica nel pensiero generale, la modalità di utilizzo in un vero e proprio strumento. È invece necessario scindere i due concetti e sganciarsi da questa rete intellettiva che porta al pregiudizio granitico e allo stereotipo seriale. Per farlo occorre mettersi in gioco e barattare questa leggerezza mentale con ciò che invece accade effettivamente attorno a noi.

Non sempre si è disposti ad allontanarsi dalla nostra zona sicura verso qualcosa di incerto, ma la curiosità è un ingrediente fondamentale della nostra maturità individuale e collettiva. È quindi bene sottolineare come l'interesse alla riflessione e l'impegno all'integrazione portino sempre frutti e moltiplichino le nostre possibilità: perché libertà - come diceva Giorgio Gaber - significa partecipare, anche alla formulazione dei nostri pensieri.

# COME AFFRONTARE UN PROBLEMA

*A cura di Giuseppe Marino*

*"La vita cerca problemi e l'offerta di problemi è significativa per il successo; una mancanza di problemi può provocare una stagnazione".*

Così il famoso Etologo, Konrad Lorenz, introdurrebbe l'argomento di questo capitolo. Durante il corso dell'esistenza, da quando siamo in fasce (e probabilmente anche molto prima) fino al termine dei giorni, ogni giorno siamo chiamati alla grande ed appassionante sfida della vita. Il libro dell'esistenza ci immerge completamente in una serie di capitoli tra le cui righe si aprono esperienze fondamentali, derby personali, accadimenti che mutano il corso del racconto e decisioni che trasformano il proseguimento degli avvenimenti. Entusiasmante e complessa, a volte complicata, la vita è un'incantevole susseguirsi di progetti che nel presente portano il nome di "Futuro". A tale proposito, è bene capire allora come l'uomo possa far fronte a questa sfida: come valuti le circostanze, ponderi gli accadimenti e risolva i problemi.

Il capitolo vorrebbe quindi essere una piccola parentesi teorica su questi temi essenziali, declinando in parte gli argomenti verso le sfide adolescenziali e i disturbi di dipendenza. Per essere più chiari, si utilizzerà il modello teorico di Klaus Scherer - professore emerito di psicologia all'Università di Ginevra e Direttore del Centro Interfacoltà di Scienze Affettive; è chiamato modello di controlli di valutazione dello stimolo (CVS), e si tratta di una sequenza lineare che raggruppa in ordine progressivo il processo che sta alla base delle nostre scelte e determina il raggiungimento dei nostri obiettivi.

1. **La novità**: ogni percorso ha un inizio e porta con sé un carico di informazione che automaticamente analizziamo prima ancora di fare il primo passo. Il nostro cervello è un elaboratore seriale che ininterrottamente analizza tutte le situazioni, con particolare attenzione a quelle nuove o inattese. I primi momenti ci occorrono per catalogare l'evento all'interno di una fascia di esperienze già vissute, simili o completamente nuove: questo ci aiuterà ad indirizzare le prossime azioni. I processi con cui il cervello opera sono tantissimi e dai tempi molto variabili: si passa dalle attivazioni rapidissime, come avviene con i riflessi (ad esempio quando ci pungiamo), a processi meno spediti e più ragionati. Un metodo di screening è sicuramente l'utilizzo delle euristiche (Vedi pag.55);

2. **Piace/non piace:** Ora che abbiamo classificato il nostro stimolo, domandiamoci se ci piace e quanto. Nel momento in cui riusciamo a decifrare uno stimolo, lo rapportiamo con la nostra sfera edonica; decidiamo quanto ci piaccia o quanto stoni con la nostra accordatura emotiva. Anche questo processo ha tempi variabili; se ad esempio ascoltiamo un suono stridulo e particolarmente fastidioso riusciremo in automatico a giudicare lo stimolo come spiacevole; per una festa di compleanno a sorpresa cominciata al buio tutto questo processo sarà confuso, fino al momento chiarificatore in cui, accendendo le luci, ci canteranno la canzone di buon compleanno!

3. **Pertinenza dello stimolo:** Non tutti gli stimoli piacevoli sono utili, non tutti quelli sgradevoli sono svantaggiosi. Stimolare i nostri neurotrasmettitori di dopamina con una striscia di coca può apparire assolutamente appagante, ma è una scelta decisamente dannosa. Una puntura di antidolorifico invece può dare fastidio, una medicina amara può essere una seccatura, ma il fine giustifica il mezzo. In questa fase dei processi decisionali, l'individuo valuta quale significato possa avere lo stimolo e come questi possa essere utile alla realizzazione dei propri obiettivi. Scopi e desideri sono alla base della

progettualità dell'essere umano: gli strumenti da utilizzarsi e la loro efficacia si decidono e si giudicano in questo momento del percorso.

4. **Affrontare il problema - le strategie di coping:** risoluzione dei problemi, qualità logiche, elasticità mentale, pratica nelle situazioni complesse, capacità di adattamento... ecc. sono tutti requisiti (o skills) che hanno da sempre attirato a sé una notevole attenzione. Il mercato del lavoro ne è particolarmente interessato: le grandi aziende, così come le piccole cooperative, studiano minuziosamente le capacità imprenditoriali dei loro impiegati. La scuola dedica sempre più spazio alla formazione di questi attributi; il mondo dello sport ne trabocca; la sensibilizzazione a questi temi rientra nella promozione del benessere collettivo e il loro contributo è decisivo per la realizzazione del singolo individuo. La nostra capacità di problem solving è fondamentale e significativa in tutti gli attimi cardine della nostra vita. Ogni persona, a questo momento del suo processo di valutazione e decisione si trova a dover reagire allo stimolo. L'individuo quindi valuta il grado di controllo sulla situazione e decide di attivare una strategia adeguata che possa risultargli come la più vantaggiosa (attenzione però, considerare una strategia vantaggiosa

non significa automaticamente che questa la sia). Le modalità di azione vengono chiamate strategie di coping ed è possibile raggrupparle in primarie e secondarie. Le *strategie di coping primario* sono quelle dirette a controllare l'evento o il problema che ha attirato al nostra attenzione; *le strategie di coping secondario* sono utilizzate per monitorare e gestire le emozioni scatenate dall'evento. Studiare per un esame imminente significa adottare una strategia primaria, controllare l'ansia durante la prova è una strategia di coping secondaria. Riuscire a declinare l'invito a fare uso di una sostanza è una strategia primaria, far fronte al timore che può suscitare il rifiuto è una strategia secondaria. Alcune strategie possono essere definite attive, altre passive. *Le strategie attive* prevedono la preparazione ad agire e l'azione diretta; *le strategie passive* preparano la persona alla difesa. Esiste poi una categoria a parte: il *coping intrapsichico*, ovvero la tendenza di una persona a valutare un problema come più tollerabile o meno dannoso: possiamo ad esempio negare (Vedi pag.141), sdrammatizzare, ironizzare, fare finta che la situazione presa in considerazione, in realtà, non esista affatto. Possiamo pensare che l'esame sia ancora lontano, che la stanza non sia poi così sporca, che fumarsi una canna ogni tanto non faccia danni, che se la provi una sola volta l'eroina non fa poi così male. Abbiamo già sottolineato come tutte queste strategie siano fondamentali per qualsiasi nostra attività; per questo è importante allenarci, al fine di migliorarle il più possibile. Un raffinato sistema di strategie di coping può assicurare alla persona un ventaglio più ampio di scelte e di metodi risolutivi che possano garantire il raggiungimento degli obiettivi. Difatti il loro utilizzo non è sempre perfetto ed anche qualora lo fosse non è detto che l'uso di una strategia che padroneggiamo possa risultare più efficace di un'altra in cui siamo carenti, ma più adatta al momento. Le strategie di coping sono inoltre influenzate dalle fasi precedenti di riflessione. Immaginiamo ad esempio di ritenere una buona soluzione bere qualche bicchiere in più per contrastare la frustrazione, oppure credere che il problema non sia abusare di qualche sostanza quanto piuttosto nasconderlo agli altri; in questi casi il problema è radicato nella scelta dell'obiettivo, ancora prima della messa a punto dell'azione. La nostra azione e le nostre strategie di coping saranno funzionali al perseguimento di quegli obiettivi (ad esempio nascondere la sostanza o abusarne nei casi di sconforto), quindi disadattive.

5. **Va bene per me? Va bene per gli altri?** Nell'intero processo, e con particolare attenzione al termine, il soggetto valuterà quanto l'accadimento sia accordato alla sua storia e se la decisione sia conforme o meno alle regole sociali ed alle norme di riferimento del gruppo di appartenenza. Queste valutazioni condizionano in modo marcato le decisioni degli adolescenti: la paura dell'esclusione, la sperimentazione, la curiosità e la maturazione dei nuovi rapporti, il gioco dell'identità individuale e quella gruppale sono temi che influiscono in maniera determinante sulle decisioni dei ragazzi (Vedi pag.80). Non è infrequente che stili di vita dannosi o scorretti vengano adottati per timore o fiducia nel gruppo. Ogni individuo influenza ed è a sua volta influenzato dalla società. Spetta quindi a chiunque maturare scelte appaganti e responsabili che possano contribuire a suggestionare positivamente il pensiero comune.

# PSICOLOGIA E DISTURBI DI DIPENDENZA

*A cura di Giuseppe Marino*

Tutti facciamo parte della grande famiglia dell'Uomo. Ogni individuo partecipa direttamente alla trasformazione temporale della specie e contribuisce a caratterizzarne la storia. Questo equilibrio tra individuo e insieme è tanto affascinante quanto complesso. Come direbbe John Donne "nessun uomo è un'isola", ma è altrettanto vero che ogni essere umano è unico ed irripetibile: una creatura specifica e speciale, con progetti personali e desideri inimitabili. Qualunque persona è costantemente chiamata a calibrare la propria specificità con l'integrazione sociale. Come una bilancia, l'uomo deve trovare l'equilibrio tra due piatti che nella vita sono strettamente in rapporto: se stesso e gli altri. In questo capitolo esamineremo sinteticamente le caratteristiche dell'individualità e del vivere con gli altri. Parallelamente accenneremo alle psicopatologie e alle devianze; in contemporanea tratteremo i disturbi da dipendenza, nella forma privata e in quella comunitaria.

# Psicologia individuale

Iniziamo presentando Sigmund. Sigmund è un ragazzo di 14 anni, sua mamma lavora in farmacia, suo papà in un'agenzia immobiliare. Ha un fratellino più piccolo di nome Carl. Sigmund frequenta la scuola secondaria di primo grado (le medie, per intenderci). A scuola va bene: i suoi volti sono buoni e il suo rendimento è sopra la media, a parte matematica, dove presenta qualche difficoltà. Cresciuto, vorrebbe fare il medico.

La storia di Sigmund come ci viene presentata è simile a molte altre storie; è un po' noiosa, sfoltita da ogni particolare interessante e tendenzialmente banale: per quanto possa essere moralmente salda e tendenzialmente pulita, ci descrive un ragazzo di 14 anni poco differente da molti altri. Questo perché il nostro cervello tende a raccogliere le informazioni e sintetizzarle, per poi raccontarle sotto forma di riassunti. Abbiamo già trattato come la mente lavori spesso attraverso strategie a basso costo energetico (Vedi pag.55): la descrizione di Sigmund non fa eccezione. Eppure Sigmund non è uguale a tutti gli altri, ed in verità nessuno è identico a nessun altro all'infuori di sé. Per arricchire la sua storia e capire a fondo chi sia Sigmund occorrerà vestire i panni da investigatori e sforzarci di indagare in modo accurato i legami famigliari, l'interesse per la scuola, la vita affettiva di Sigmund e soprattutto i suoi progetti futuri. Per comprendere al meglio chi sia Sigmund, dovremo riuscire a recuperare la sua storia identitaria. Durante questi passaggi teniamo bene mente una chiara massima del più grande investigatore di tutti i tempi, ovvero Sherlock Holmes: ci sono 50 persone che sanno ragionare sinteticamente per una sola che sa ragionare analiticamente.

Cominciamo, allora, ad indagare la storia contestualizzandola.

Ogni persona vive in un determinato lasso di tempo: l'enunciato può sembrare banale, ma il concetto è uno dei principali cardini per comprendere la psicologia umana. L'individuo, dal concepimento fino alla morte, fa esperienza del mondo e così riesce a fare esperienza di se stesso.

Quando Sigmund esce per andare a scuola, la mamma gli da un bacio: Sigmund allora vive l'affetto della madre, e al contempo si sente amato e sorride e comprende il suo ruolo all'interno di quel contesto, coglie la sua esistenza grazie a quel bacio. Il papà non saluta Sigmund; esce di casa prima di lui, con la valigetta ventiquattrore in una mano e il telefono dall'altra. Non saluta neppure la moglie. Anche questo momento modificherà il carattere del ragazzo.

Le nostre esperienze, collocate all'interno di un tempo definito, sono alla base della nostra identità personale. Vivere appieno un'esistenza significa sperimentare attivamente il nostro tempo: non lasciandolo fuggire, ma sperimentandolo appieno. Avete presente quando vi domandano cosa avete mangiato a pranzo e non sapete rispondere? Oppure quando vi chiedono in quale lavoro eravate affaccendati lo scorso giovedì e nulla, proprio non vi viene in mente? Questo accade perché probabilmente quel piatto di pasta non aveva particolare importanza all'interno della vostra storia di vita, come anche quel determinano impiego di giovedì. Ma se vi domandassero come era la torta del vostro matrimonio, o come andò il vostro primo giorno di lavoro... farete sicuramente meno fatica a recuperare i ricordi. Questo perché i momenti più incisivi della nostra esistenza sono ben appuntati nel diario della memoria.

Anche Sigmund ricorda bene quella sera in cui papà tornò a casa molto tardi ed ubriaco: ricorda le grida della mamma ed il pianto del fratellino Carl .

I momenti fondamentali della nostra vita sono quelli dove, nel bene o nel male, ci sentiamo partecipanti attivi del racconto - comparse o protagonisti. Ma non bastano le esperienze perché un individuo sia unico: occorrono i sogni, i desideri, i progetti. Ripetiamo ancora una volta: la storia di ogni persona si circoscrive in un tempo determinato. All'interno di questo tempo la persona ogni giorno fa esperienza di sé presso il mondo, ma al contempo – ecco l'altro ingrediente fondamentale – progetta il proprio futuro. Tutti noi abbiamo dei desideri: cambiare lavoro, riuscire a confidare un amore, comprare la macchina nuova, andare a vivere ai Caraibi e così via. I nostri progetti futuri sono condizionati dalle nostre esperienze e in parte determinano il nostro stile di vita: la motivazione, il senso di responsabilità e quello di autoefficacia influenzano le nostre aspettative e correggono il nostro umore.

Così Sigmund vuole fare il medico perché a una lezione di scienze ha studiato che i medici possono curare l'alcolismo; lo vuole fare per la mamma, che è sempre tanto triste e non sa come aiutarla. Così, crede che se papà venisse curato la mamma potrebbe sorridere più spesso. La sua però non è una scelta sana, bensì è un sacrificio riparatore. In verità, Sigmund vorrebbe studiare agraria e avere una fattoria. Ora, abbiamo le idee un po' più chiare su Sigmund e la sua storia è davvero più identitaria.

Questo excursus per giungere ad un argomento toccante come **la psicopatologia** e le dipendenze nelle loro vesti private. Molto spesso, la patologia di carattere psicologico è un impedimento al futuro. La persona prende il ruolo di paziente quando coglie una dissonanza tra ciò che accade e ciò che aveva previsto. Generalizzando, prendiamo a modello l'ansia. Una persona che soffre di disturbi di ansia avrà difficoltà ad affrontare determinate situazioni: questo, in piccola o larga scala, ne ostacolerà i progetti.

Forse non ve lo abbiamo detto, ma Sigmund si è preso una bella cotta per una sua compagna di classe, ma ha un'eccessiva ansia a farsi avanti: non quella naturale di un ragazza della sua età, Sigmund soffre molto l'approccio.

La depressione potrebbe consistere invece nella difficoltà a mantenere i progetti e formularne di nuovi: difatti, la persona con disturbi di depressione tende a non uscire di casa, non tenta di cambiare la propria vita, frena ogni entusiasmo e limita ogni sua azione.

Quando le professoresse domandano a Sigmund come mai quell'espressione triste, Sigmund mugugna: «Niente: la vita fa schifo!», se qualche amico gli offre un aiuto, lui risponde: «Non c'è nulla da fare..». Queste frasi sono tipiche di chi vive un momento di depressione, dove il futuro sembra scomparire assieme alle speranze.

Per quanto riguarda i disturbi di dipendenza è facile immaginare che non facciano fatica ad attecchire in un terreno simile; il come è già più complesso. Non esiste difatti una correlazione certa ed assoluta per cui ad un determinato accadimento o per un fatto particolarmente drammatico, la persona si avvicini al mondo delle dipendenze. Certo è che ogni dipendenza, a suo modo amplifica il senso di esistenza, ma al contempo lo filtra e lo distorce.

Cerchiamo di essere più chiari; abbiamo detto che una persona si sente più o meno serena a seconda di quanto sia appagata del presente e fiduciosa nel proprio futuro. Se Sigmund scegliesse di studiare agraria, e seguire il suo sogno nel cassetto, probabilmente la sua vita sarebbe molto più soddisfacente. Ma se invece decidesse di intraprendere la carriera da medico per proteggere la mamma, sarebbe come cancellare un sogno importante di Sigmund – quello di diventare un agricoltore – e così scolorire una parte fondamentale della sua identità. È come se Sigmund, con quella scelta, diventasse un pochino trasparente.

Questa sensazione spiacevole per una frattura progettuale può tradursi, come appunto abbiamo detto, nelle psicopatologie più svariate. **I disturbi di dipendenza** allora agiscono da catalizzatori disadattivi: è come se queste sostanze riuscissero per un attimo a ridare colore alla vita, ma ad un prezzo estremamente caro. Il colore della dipendenza è ben lontano da quello vissuto in modo naturale; inoltre non è per nulla affiliato alla progettualità – anzi la limita e poco a poco la soffoca. Così accade che nella speranza di dare nuovamente tonalità alla propria esistenza, l'individuo affetto da disturbo di dipendenza si costringa in un circolo vizioso dove non è più la sua esperienza e la speranza di realizzazione che lo nutrono, ma è il disturbo che si impossessa della sua condizione umana e la strumentalizza fino ad annientarla completamente nei casi più tragici. Il disturbo da dipendenza distorce l'esperienza e limita il futuro: avvelena e corrompe gli elementi fondamentali per la vita dell'uomo.

Sigmund quel giorno era proprio giù di morale, papà era rincasato solo alle prime luci dell'alba: non sarebbe andato a lavoro. Così, fuori da scuola il ragazzo incappa in una squadretta di discoli che gli offrono uno spinello per non pensare: sulle prime non ci sta, teme - a ben vedere - che quella canna possa nuocergli alla salute. Poi, invece, si lascia convincere: alla fine se papà può bere così tanto, una canna non potrà uccidere nessuno...

Abbiamo così descritto le caratteristiche individuali che vanno a delineare l'essere umano ed inserito un esempio di come un disturbo di dipendenza possa svilupparsi nella vita di un ragazzo adolescente. Quello che ci preme sottolineare è l'eziologia del disturbo: nato in maniera condizionata dal contesto, ma in cui l'ambiente non ha contribuito in modo attivo all'innesco. È piuttosto probabile che il disturbo sia stato una risposta disadattiva per fronteggiare esperienze non direttamente ricollegabili alla dipendenza. Meccanismi intimi hanno portato Sigmund ad inciampare lungo il percorso.

## Psicologia sociale e dinamiche di gruppo

Una volta descritto l'essere umano in quanto individuo, proviamo ad introdurre anche il secondo braccio della bilancia: ovvero, vivere assieme agli altri.

Per spiegare il nostro inserimento nella società, prenderemo ad esempio un modello molto intuitivo – ma per nulla banale: quello ecologico di Urie Bronfenbrenner. Essendo Brofenbrenner esperto di psicologia dello sviluppo, il modello ecologico fu utilizzato dallo psicologo statunitense per descrivere il conteso in cui il bambino cresce e si sviluppa all'interno delle differenti reti sociali. Ciò nonostante, tale modello è assolutamente applicabile a qualsiasi individuo, in quanto delinea in maniera molto chiara le dinamiche sociali dell'essere umano all'interno dei differenti gruppi di appartenenza. Questi divide il tessuto sociale in sistemi concentrici e tra loro comunicanti: si va dal più piccolo al più grande, e rappresentano i vari legami sociali che coinvolgono una persona nell'arco della propria vita. Per fare un esempio ad imbuto pensiamo a un ragazzo, che vive con mamma e papà. La famiglia viene considerata come un piccolo sistema, con ruoli e regole interne. I tre componenti di questa famiglia avranno a che fare con ulteriori piccoli gruppi: come i compagni di scuola, i colleghi di lavoro, i vicini di casa... A loro volta, questi gruppi dovranno confrontarsi tra di loro e con ulteriori sistemi. Salendo nella struttura gerarchica, i contesti citati saranno raggruppati sotto un unico raccordo: una scuola, un ufficio di lavoro o un ristorante potranno essere raccolti all'interno di un paese o di una città. I comuni potranno essere riuniti in province, le province in regioni e così via... fino ad unificarsi nella globalità della società umana.

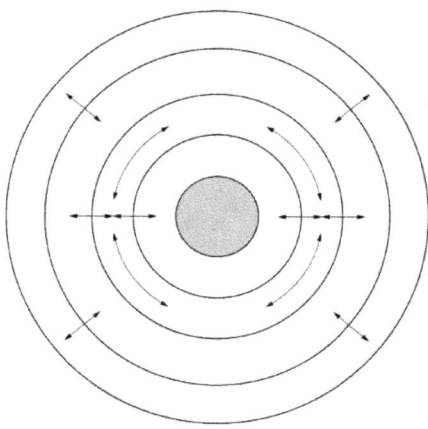

Es. Modello Ecologico di Bronfenbrenner

Questo semplice modello, che ha radici nelle diadi fino ad arrivare allo Stato, se non addirittura all'intera società umana, mostra bene come ogni attore sia condizionato e a sua volta

81

influenzi una miriade di collegamenti ed incastri che vanno a sagomare la nostra società.

Ritornando al ragazzo di inizio esempio, questi potrà vivere direttamente le dinamiche di qualche sistema (tipo all'interno della propria famiglia) oppure subirle (come le decisioni prese da un superiore a lavoro); potrà altresì influenzare alcuni sistemi o esserne influenzato. L'uomo coesiste assieme ai suoi simili: checché se ne dica, non siamo fatti per stare da soli o vivere in esilio. La nostra ricchezza personale è altresì data dal confronto e dalla condivisione, dall'esperienza del vivere assieme e poter partecipare attivamente alla storia dell'umanità.

Se si volessero descrivere in modo accurato le affascinanti dinamiche che determinano i moti gruppali occorrerebbe un gigantesco e accurato libro solo su questo argomento: qui, invece, ricollegandoci al nostro scopo principale, ci limiteremo a trattare il tema in modo che possa stimolare una riflessione su quanto e come le dinamiche sociali possano favorire o meno un disturbo da dipendenza.

**Immaginate di prendere spontaneamente parte ad un esperimento sociale.** Prima di entrare nel vivo della prova, lo psicologo coordinatore vi invita a fare una serie di test a cui risultate persone tendenzialmente equilibrate, mature e senza particolari segni di devianza psicologica. Siete idonei e siete in 24. Perfetto: si comincia. Venite divisi in due gruppi, un gruppo dovrà fingere di vestire i panni di alcuni carcerati, gli altri dodici dovranno personificare un manipolo di guardie. Per due settimane dovrete vivere dentro una prigione ricostruita ad hoc per questo esperimento sociale.

Secondo voi cosa accadrà?

Pensateci un attimo e poi rilassatevi perché fortunatamente (per noi) qualcuno ha già provato questa esperienza al nostro posto.

L'esperimento introdotto fu costruito nel 1971 dal professor Philp Zimbardo e qualcuno ne avrà già sentito sicuramente parlare, è il celebre Esperimento della Prigione di Stanford. Durante l'esperimento Zimbardo propose a 24 volontari di giocare a guardie e ladri per circa due settimane: 12 persone avrebbero indossato ampie divise numerate, berretti di plastica e una catena alla caviglia; altre 12 si sarebbero travestite da poliziotti, indossando vere e proprie uniformi, occhiali da sole riflettenti (per non mostrare le emozioni comunicate tramite lo sguardo) e sarebbero stati muniti di manganelli, fischietti e manette.

L'esperimento fu drammatico. Dopo solo due giorni si verificarono momenti di violenza, psicologica e fisica. Da una parte i carcerati provarono tra loro ad allearsi, si strapparono le vesti e si barricarono all'interno delle celle. I poliziotti adottarono politiche disumane. Per intimidire i prigionieri cominciarono ad umiliarli, facendo loro intonare canzoni oscene, spezzando i legami venutisi a creare tra i compagni di cella, forzandoli in prestazioni fisiche molto faticose e costringendoli a defecare all'interno di secchi che poi non avrebbero potuto svuotare. Tra le punizioni inflitte, anche quella di lavare a mani nude le latrine. I prigionieri tentarono una fuga di massa, difficilmente contenuta. A tale proposito, e per sottolineare l'interesse di carattere psicologico e sociale di tutto l'esperimento, è cruciale sottolineare come nessun partecipante fosse costretto od obbligato a continuare l'esperimento: se ritenuto opportuno, chiunque poteva terminare la prova in qualsiasi momento. Ma perché allora non scegliere di andarsene? Ebbene, i partecipanti avevano perduto il contatto con la realtà. Al quinto giorno erano evidenti segni di disgregazione individuale e collettiva: sia tra i carcerati che tra le guardie. Ognuno agiva secondo dei ruoli prestabiliti - secondo schemi d'azione precostituiti e non ragionati. Dove non arrivarono i ragazzi, fu obbligato ad agire Zimbardo: per preservare la salute dei partecipanti o non peggiorarla ulteriormente, lo psicologo americano fu costretto a terminare in anticipo l'esperimento.

Cosa dimostrò l'esperimento della Prigione di Stanford? I 24 volontari all'esperimento avevano tramutato la simulazione in un vero e proprio contesto di vita reale. Per tutti i partecipanti la finzione della prigione si era tramutata in verità. Per loro quel carcere esisteva seriamente. Secondo Zimbardo, ogni volta che un individuo si confronta con un determinato ambiente la propria identità personale è coinvolta durante l'acquisizione delle regole che coordinino il contesto stesso. Questa assunzione di norme è un processo assolutamente naturale: tutti noi abbiamo bisogno di capire le regole di ogni circostanza per poterci orientare nel modo più opportuno. Ma se è vero che comprendere le norme è un processo ordinario, è altresì attendibile pensare che un'attenta riflessione sulle stesse ed una consapevolezza della loro funzione sia la chiave di volta per non finire in prigione!

Prima abbiamo parlato di come un individuo possa incorrere nella psicopatologia a seguito di una frattura identitaria che ne limiti la progettualità: avevamo accennato alla difficoltà di sentirsi veramente partecipe della propria vita e della sensazione sentirsi perduti o senza strumenti per fronteggiare lo stallo. Nel caso di Philip Zimbardo i partecipanti all'esperimento utilizzarono l'identificazione nel ruolo come espediente a questa condizione disgregante. In questo modo, i volontari avevano la percezione (errata) di riprendere in mano la propria vita.

Così potrebbe capitare anche a Sigmund, il nostro ragazzo di 14 anni che abbiamo impiegato nell'esempio del paragrafo precedente. Sigmund, in crisi per una situazione difficile a casa e per un futuro personale incerto, potrebbe legare con un tipo di compagnia molto rigida e compromessa. Questi discoli hanno tutti a loro modo delle difficoltà identitarie: qualcuno ha problemi in famiglia, altri a scuola, alcuni di loro non sono riusciti a modellare nel tempo un carattere individuale e affidano completamente la loro esistenza al gruppo, ecc. … Fanno tutti uso di cannabis, qualcuno di cocaina. Hanno regole fisse per rimanere nel gruppo: orari prestabiliti per riunirsi, zone indicate per ritrovarsi, leggi per mantenere il silenzio e l'indiscrezione. La rigidità di questa compagnia è un palliativo all'angoscia: attraverso schemi comportamentali rigidi la nuova compagnia di Sigmund non dà spazio a pensieri e macchinazioni speranzose. La concentrazione è bloccata sul presente e sul mantenimento di un gruppo solido; se questo venisse a mancare, probabilmente la sofferenza di ogni componente sarebbe difficilmente contenibile. Così invece si viene a creare un ambiente falsato, estremamente disidentitario, ma governato e funzionale al suo scopo: ovvero sussistere e consentire ai membri di contenere il loro bisogno di esistenza. Sigmund, stremato dagli accadimenti e non riuscendo a trovare soluzioni, accetta di aderire alle norme della nuova compagnia.

Cosa successe ai ragazzi di Stanford? Accadde che tutti accettarono una serie di leggi e regole senza domandarsi troppo cosa potessero comportare, senza soffermarsi sulle eventuali conseguenze. Entrarono in un ruolo piuttosto che in un altro senza riflettere sulle caratteristiche da mantenere, soprattutto in quell'ambito. Ecco allora che entrò in gioco quello che viene chiamato *meccanismo di depersonalizzazione*, ovvero quella dinamica di gruppo per cui "se tutti fanno così, allora sarà giusto: lo faccio anche io.". Questo meccanismo riduce i sensi di colpa, la vergogna e le conseguenze delle proprie azioni a fronte di un comportamento comune (positivo o negativo che sia). Si baratta una vera consapevolezza di sé con una prigione, dove la responsabilità delle conseguenze delle proprie azioni è distribuita in modo così omogeneo che nessuno sembra più veramente colpevole. In questo modo, però, l'individuo viene meno: è come se decidessimo spontaneamente di vivere un ergastolo.

Così accade che Sigmund prende parte a un circolo vizioso in cui baratta la sua esistenza con la condivisione di un dramma comune. Sembra che non importi ciò che sarà del futuro, è fondamentale però che si rimanga assieme a quella compagnia che oramai è diventata il suo senso di esistere: la dipendenza fa da collante. In un gruppo dove la speranza viene a mancare, si perde conseguentemente anche l'interesse per qualsiasi caratteristica che delinea la bellezza dell'essere umano. Cultura, arte, desideri sono parole lontane che rimbombano dentro lo stomaco e stridono nel cuore, ma che vengono strozzate dalla dipendenza e incarcerate dalle norme del gruppo. La persona si impoverisce e poco a poco perde o dimentica gli strumenti che possono aiutarlo a ritrovare la propria identità.

Il recupero è possibile. L'essere umano ha capacità di rinnovamento personale inimmaginabili: ciò che occorre è una coscienza di se stessi radicata e una forza di volontà importante. Ci sono prigioni in cui ci rinchiudiamo da soli; sono quelle dove è più corretto tentare l'evasione che scontare la pena: ma per farlo, spesso serve un piano preciso e una responsabilità assoluta. Nel libro abbiamo dedicato una parte importante anche al tema della riabilitazione (Vedi pag.139).

Per concludere il capitolo, pensiamo a quante volte abbiamo trascurato noi stessi, facendo qualcosa che non ci era chiaro, ma non abbiamo approfondito; quante volte abbiamo lasciato correre, non ci siamo fermati a riflettere, a leggere, ad informarci o confrontarci con qualcun altro, che fosse un nostro famigliare o uno sconosciuto. Riflettiamo su quante volte siamo rimasti in silenzio oppure non abbiamo ascoltato.

Infine pensiamo anche solo per un attimo come potrebbe cambiare la nostra vita se ci impegnassimo quotidianamente a restituire a noi stessi un po' di quell'interessata libertà di pensiero, quella voglia di bello e di buono che anche se delle volte ci tende come le corde di una chitarra, ci fa vibrare e suonare e sentire vivi e pronti a cambiare il mondo: e forse allora, il mondo lo cambieremo davvero. Se non tutto, almeno il nostro.

# ABC-Dipendenza

*A cura di Daniele Gatti, Federica Grossi, Cristina Mantese e Giuseppe Marino*

ABC-Dipendenza è un capitolo di questo libro che, come simpaticamente anticipa il titolo, vuole sensibilizzare il lettore su alcuni concetti base legati specificatamente ai disturbi di dipendenza. Il tema è ampio e complesso; durante la stesura del capitolo ci siamo dati alcuni obiettivi precisi:

- Scrivere una sintesi ragionata dei contenuti più rilevanti;
- Aggiungere informazioni e curiosità interessanti, propedeutiche all'integrazione e alla comprensione del capitolo
- Rendere il testo il più leggero possibile e alla portata di tutti.

Per tutti questi motivi incominciamo con:

- Una mappa del cervello
- Un piccolo glossario

# Mappa del cervello

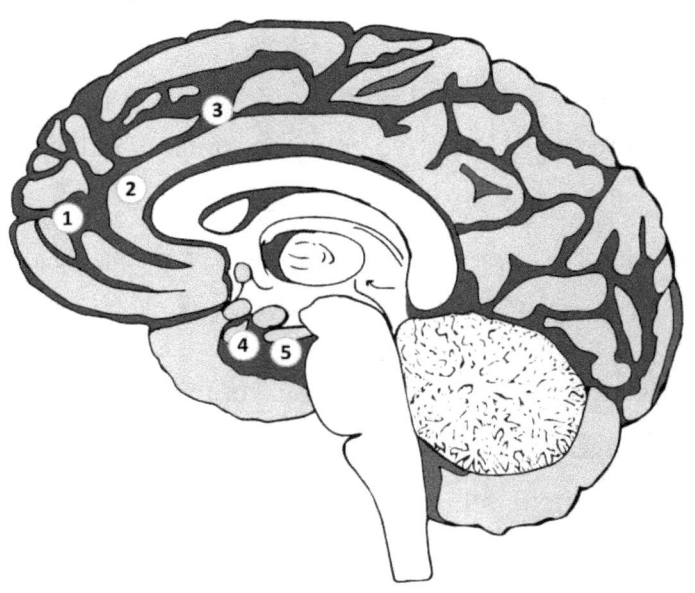

### 1. Corteccia orbito-frontale

Le sue funzioni sono molteplici: mantenimento dell'attenzione e inibizione delle informazioni irrilevanti, iniziativa e programmazione di azioni future, gestione emotiva e motivazionale, autocontrollo, infine, insieme ad altre strutture, determina la percezione gustativa.

## 2. Corteccia cingolata anteriore

È implicata nella selezione e nel monitoraggio delle risposte comportamentali del soggetto, gestisce i nuovi stimoli, è determinante nell'acquisizione di risposte condizionate e riconosce le risposte inadeguate al contesto.

## 3. Corteccia prefrontale dorso laterale

Regola le funzioni esecutive, la memoria di lavoro, il pensiero logico astratto e la presa di decisioni. Un ruolo importante è giocato anche nella cognizione sociale, in termini di capacità di "mettersi nei panni di qualcuno", predire le intenzioni altrui e gestire le relazioni. Il normale funzionamento di quest'area è particolarmente compromesso dall'abuso di alcol.

## 4. Amigdala

Integra le emozioni ed è implicata nella formazione dei ricordi emotivi. E' legata, in particolar modo, all'esperienza della paura e la sua attivazione è cruciale nell'innesco di reazioni di attacco o fuga in situazioni che generano questa emozione. Inoltre è implicata nell'elaborazione degli odori.

### 5. Ippocampo

È cruciale nella memoria, sia nella formazione di nuovi ricordi che nel mantenimento del materiale precedentemente appreso. Importante è anche il coinvolgimento nella memoria spaziale e nella navigazione spaziale.

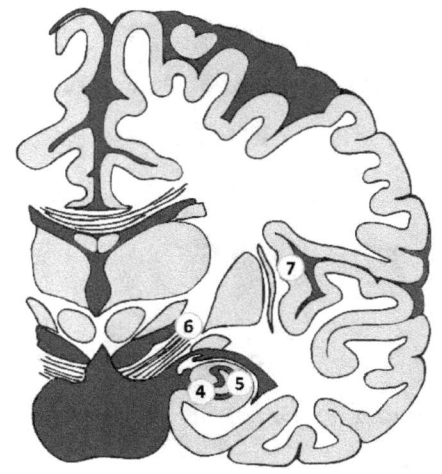

### 6. Nucleo accumbens

Importante nei meccanismi di rinforzo, nello sviluppo della dipendenza, nell'elaborazione delle sensazioni di piacere e paura e nel comportamento impulsivo.

### 7. Insula

Questa struttura assume funzioni molto diverse fra loro. E' implicata nella consapevolezza enterocettiva (capacità di percepire i segnali provenienti dal corpo), nella percezione del dolore e della temperatura, permette il mantenimento dell'equilibrio, è coinvolta nella regolazione dei movimenti involontari. Ruolo importante è giocato anche nella regolazione emotiva e nell'esperienza sociale.

# Glossario per capirci ☺

Il capitolo utilizzerà alcuni termini necessari per focalizzarsi su determinati argomenti. Il glossario potrà aiutare tutti i lettori ad orientarsi; nel testo abbiamo appuntato con un asterisco* le parole qui descritte. Chiunque trovi difficoltà nel comprendere un termine o un enunciato potrà affidarsi a questo piccolo sussidio.

- **Dipendenza psichica**: necessità di assumere la sostanza per mantenere lo stato di benessere;
- **Dipendenza fisica**: si sentono le conseguenze fisiche se non viene assunta, si hanno modificazioni dello stato fisiologico provocato dalla somministrazione della sostanza che richiede la prosecuzione della somministrazione;
- **Tolleranza**: effetto di uno stimolo che si riduce nel tempo, è necessario quindi aumentare la dose o attendere un periodo di sospensione per avere di nuovo l'effetto iniziale;
- **Tossicodipendenza**: *addiction* ricerca patologica della sostanza;
- **Politossicodipendenza (polidrugabuse)**: abuso di più sostanze psicoattive.

# Droga: definizione

Quello che da noi comunemente viene definita droga sono sostanze chimiche, naturali o artificiali assunte più o meno volutamente per alterare lo stato di coscienza o per tentare di migliorare le proprie prestazioni fisiche, che possono indurre uno stato di dipendenza. Nell'effettivo per droga si intende una sostanza che, accanto a molecole biologicamente inerti, contiene una o più molecole aventi attività farmacologica (i principi attivi).

Dovremmo quindi parlare di sostanze d'abuso tenendo in considerazione non solo l'aspetto biologico, ma anche un ventaglio di altre variabili come il contesto culturale della società di appartenenza: spesso infatti l'incontro con la sostanza e la decisione del soggetto di "sperimentarne" gli effetti è fortemente influenzata dalle condizioni socio-economiche, dai livelli di scolarità, ma soprattutto dai modelli comportamentali propri della società d'appartenenza.

Gli effetti di queste sostanze sono imprevedibili perché non essendo regolamentate, non si può essere certi del reale contenuto, ed essendo noi individui tutti diversi, in quanto ognuno ha un proprio corredo genetico, possiamo avere delle mutazioni a carico di alcuni geni. Questi geni ci fanno avere una certa predisposizione o ci fanno reagire in modo diverso all'uso di una determinata sostanza. Inoltre, bisogna considerare le caratteristiche intrinseche della sostanza. Alcune, come vedremo in seguito, hanno un altissimo potenziale d'abuso, il rischio di sviluppare dipendenza patologica è molto elevato.

Secondo i criteri di classificazione vengono definite "droghe pesanti": oppiacei, cocaina amfetamine, allucinogeni, alcol etilico; "droghe leggere": cannabinoidi, nicotina, caffeina, solventi volatili. Questa classificazione si presta a molte critiche ed ha generato sottovalutazione della reale tossicità delle droghe "leggere".

## Abuso di sostanze tra i giovani

Secondo i dati dello studio transnazionale ESPAD (European School Survey Project on Alcohol and other Drugs) condotto con lo scopo di raccogliere informazioni sulla prevalenza dei consumi di sostanze illegali fra gli studenti tra i 15 e i 19 anni, emerge (considerando il periodo del 2015) che il 34% ha utilizzato almeno una sostanza psicoattiva illegale nel corso della propria vita e circa il 27% nel corso dell'ultimo anno. Per il 15% degli studenti si tratta di "policonsumo", ossia assunzione di più sostanze illecite. Il 4% ne ha fatto un uso frequente (20 o più volte nell'ultimo mese nel caso di cannabis e 10 o più volte nel caso delle altre sostanze psicoattive illecite). La sostanza maggiormente utilizzata è la cannabis, seguita da cocaina, stimolanti e allucinogeni, mentre l'eroina è quella meno diffusa. Dall'analisi dei casi che hanno richiesto servizi d'urgenza con consulenze specialistiche in seguito ad accesso al Pronto Soccorso, emerge che si ha una maggiore frequenza di intossicazione da nuove sostanze psicoattive fino ai 25 anni. Le principali manifestazioni cliniche sono di tipo eccitatorio (agitazione, allucinazioni, tachicardia), ma si può arrivare al coma. Le principali sostanze che ne hanno determinato l'accesso sono nell'ordine: cannabis, cocaina, ecstasy, sostanze di origine vegetale (salvia divinorum, mescalina...), amfetamine, energy drink, allucinogeni, profumatori per ambiente, oppioidi, preparazioni galeniche dimagranti, anabolizzanti.

## Disturbi correlati a sostanze e disturbi da dipendenza (addiction)

Le dipendenze sono severi disturbi mentali caratterizzati dalla perdita di controllo sul consumo di una determinata sostanza psicoattiva. I disturbi di dipendenza comportano una forte subordinazione delle attività sociali, lavorative o ricreative a discapito di una dipendenza da sostanze o da comportamenti particolarmente attivanti. All'interno del Manuale Diagnostico e Statistico dei Disturbi Mentali (DSM-5), uno tra i testi di riferimento per le diagnosi di carattere psicologico, tali disturbi sono suddivisi in due macro-categorie: disturbi correlati a sostanze e disturbi da addiction, ovvero quelli connessi a condotte problematiche e persistenti che diventano continuative nel tempo.

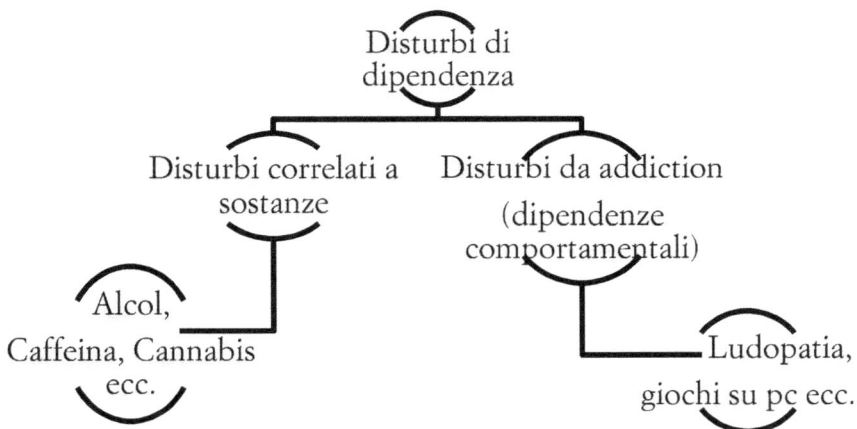

## Disturbi correlati a sostanze

I disturbi correlati a sostanze riguardano tutte quelle patologie connesse all'utilizzo di sostanze psicologicamente attivanti; il DSM-5 suddivide queste sostanze in 10 classi:

1. Alcol
2. Caffeina
3. Cannabis
4. Allucinogeni
5. Inalanti
6. Oppiacei (es. eroina, morfina)
7. Sedativi, ipnotici, ansiolitici
8. Stimolanti (es. amfetamine, cocaina)
9. Tabacco
10. Altri o sconosciuti

Questa distinzione tra sostanze non è sempre così netta ed invero all'interno dell'elenco possono rientrare tutte quelle sostanze che attivano direttamente il nostro sistema cerebrale di ricompensa e rinforzano, ovvero stimolano positivamente, un comportamento che può tramutarsi in dipendenza. Tali meccanismi provocano delle modificazioni al cervello che possono persistere nel tempo, anche dopo la disintossicazione. La dipendenza da sostanze, difatti, si caratterizza per un'ampia serie di sintomi cognitivi, comportamentali e fisiologici. Non tutte le droghe agiscono allo stesso modo: la particolarità dei sintomi dipende dalla caratteristica della sostanza utilizzata e dalle modificazioni organiche che essa comporta. Scorrendo l'elenco delle 10 classi, non è difficile intuire come queste sostanze producano effetti molto differenti tra loro: sensazioni di "sballo" e piacere, agitazione o nervosismo, inibizione o rilassamento, fino alla completa perdita di controllo e alla dissociazione. Queste sostante possono provocare intossicazione, astinenza e altri disturbi mentali indotti da sostanze: ad esempio disturbi collegati alla sfera psicotica, disturbi bipolari, depressione, ansia, disturbi ossessivi-compulsivi, disturbi del sonno, disfunzioni di carattere sessuale, delirium e disturbi neurocognitivi. Parallelamente a queste caratteristiche sintomatologiche, la diagnosi da uso di sostanze è basata su pattern comportamentali, sociali, sull'utilizzo rischioso della sostanza e sull'aspetto farmacologico. La gravità del disturbo segue un ordine temporale: da lieve a moderato, fino a grave. Per facilitarne la comprensione di come possa istaurarsi un disturbo di dipendenza da sostanze segue un esempio con un personaggio immaginario: Eva, una ragazza di età compresa fra i 18 e i 24 anni - momento in cui i tassi di prevalenza sono relativamente alti all'utilizzo di qualsiasi possibile sostanza (solitamente l'intossicazione comincia in adolescenza).

Inizialmente Eva tenderà a fare un uso moderato della sostanza. Non avendo mai toccato alcuna droga la sua soglia di tolleranza sarà bassa e non occorrerà una dose particolarmente rilevante di sostanza per attivarla a livello fisiologico. Gli effetti farmacologici nel primo periodo saranno molto accentuati e la ragazza avrà un'esperienza decisamente forte. Ma poco a poco il cervello di Eva si abituerà ed occorrerà un quantitativo sempre maggiore di sostanza per ottenere l'effetto desiderato. Eva, quindi, assumerà una dose più massiccia e per periodi più lunghi di quelli che lei stessa si era prefissata di dedicare a tale pratica. Avvertendone il bisogno - impegnerà molto tempo alla ricerca della sostanza per rivivere le sensazioni iniziali. A lavoro, come a scuola o a casa Eva comincerà ad avere difficoltà nel portare a termine i compiti assegnati e raggiungere gli obiettivi prefissati. Allora cercherà di ridurre l'utilizzo della sostanza o magari di interromperlo, ma senza riuscirvi perché contemporaneamente a queste decisioni si presenteranno i sintomi dell'astinenza. Durante i momenti in cui Eva non si droga, nel suo sangue le concentrazioni di sostanza declinano ed il corpo oramai abituato avverte il bisogno di compensare. Si innescherà quindi un desiderio persistente ed irresistibile per la sostanza o le sostanze che possono avere effetti simili; questo comportamento è chiamato *craving*. Quanto Eva sia consapevole della gravità dei rischi che corre e quanto comunque porti avanti la dipendenza, sarà un criterio per una possibile diagnosi. Nonostante la situazione peggiori, Eva potrebbe continuare ad utilizzare la sostanza fino ad abbandonare le più importanti attività sociali. Potrebbe, infine, dedicare tutta la vita alla ricerca della sostanza.

## Disturbi da addiction

I disturbi da addiction si caratterizzano per dei comportamenti problematici e persistenti che sono da ricollegarsi ad un'abitudine disadattiva dell'individuo. Un esempio tra queste patologie è sicuramente il disturbo da gioco d'azzardo, per cui il giocatore seriale istaura un comportamento continuo, rigido e dannoso. Il disturbo da gioco d'azzardo ha un tasso di prevalenza dello 0,2-0,3% sulla popolazione generale. Due terzi dei giocatori d'azzardo sono uomini. Il gioco provoca uno stato di eccitazione ed irrequietezza tale per cui l'individuo avverte un bisogno sempre più impellente di giocare e, in seguito, di aumentare la posta. Come per la dipendenza da sostanze, la persona affetta da disturbo da gioco d'azzardo può aver provato più volte a rinunciare al gioco, ma senza successo. È risaputo infatti che gli individui con tale problema incappino spesso in catene di pensiero difficili da spezzare: il gioco viene considerato la causa di tutte le difficoltà, ma anche alla risoluzione di tutti i problemi. Il disturbo coinvolge indirettamente ed in modo drammatico la famiglia e tutta le rete sociale. Alcuni individui possono diventare nervosi, impulsivi e molto competitivi. Talvolta, invece, possono essere eccessivamente generosi verso gli altri: questo per mantenere il senso di stabilità nelle relazioni. Altri giocatori patologici possono rinchiudersi in una sfera depressiva importante, dove il gioco viene visto come un'unica via di fuga o speranza a cui aggrapparsi. Si instaurano processi "rincorsa delle proprie perdite", tali per cui l'individuo tenta in ogni modo di recuperare le scommesse perdute, tramite poste sempre più alte. Non mancano tentativi di furto o inganno: spesso la persona mente ed occulta il suo coinvolgimento nel gioco. Infine, è molto importante sottolineare che circa la metà dei giocatori d'azzardo patologici presenta dei pensieri suicidari: il 17% di questi ha tentato il suicidio.

Collegato ai disturbi da dipendenza comportamentali sono da considerarsi anche tutte le nuove forme di dipendenza legate all'aspetto tecnologico: queste ultime innescano gli stessi automatismi cerebrali di ricompensa che intrappolano il giocatore d'azzardo patologico. Un esempio di queste nuove dipendenze è il gioco su internet: riportato nel DSM-5 come condizione che necessita di attenzione clinica e scientifica. Il disturbo da gioco su internet prevede un persistente e ricorrente utilizzo di internet per partecipare a giochi in maniera significativa e tale da comportare un disagio clinico.

## Smartphone addiction

Spesso i ragazzi ci hanno domandato se l'uso del cellulare potesse tramutarsi in dipendenza; la nostra risposta è stata: «Certamente sì!». Nonostante questa dipendenza ad oggi non rientri nella classificazione regolare del DSM-5, abbiamo comunque creduto opportuno dedicare un paragrafo all'argomento. Il fenomeno difatti sembra destinato ad aumentare.

In un sondaggio condotto nel 2014, il 64% degli americani adulti dichiarava di possedere uno smartphone, ed il 46% dei possessori sottolineava che non avrebbe potuto vivere senza di esso (Pew Research Center 2015). Uno studio epidemiologico del 2005 ha mostrato come le persone che fanno un uso eccessivo di smartphone, hanno più probabilità di sperimentare problemi di salute quali: mal di testa, astenia, deficit di concentrazione, insonnia e problemi d'udito. È stato inoltre segnalato che i soggetti con smartphone addiction presentavano: bassa autostima, bassa estroversione, alta richiesta di sostegno e bassa motivazione intrinseca.

Le dipendenze comportamentali come: il gambling disorder (ludopatia), l'internet game disorder e la smartphone addiction e, più in generale, tutte le dipendenze che non derivano da sostanze, vengono definite come disturbi che menomano significativamente la qualità di vita di chi ne soffre.

Le conseguenze dell'internet addiction (classificata in specifici sottotipi: giochi, pornografia, chat rooms ecc...) includono: isolamento sociale, conflitti famigliari, abbandono scolastico, disoccupazione ed indebitamento. A conseguenze simili sembra portare la smartphone addiction, che però comporta anche un aumento del rischio di incidenti alla guida, dovuti all'utilizzo improprio dei dispositivi.

## Gratificazione cerebrale

Le varie sostanze psicoattive che inducono dipendenza hanno in comune la capacità di stimolare delle aree del cervello legate al piacere e alla gratificazione. Questo "sistema di gratificazione cerebrale" è presente in tutti i mammiferi e media normalmente gli effetti gratificanti indotti da stimoli naturali come l'ingestione di cibo.

Le diverse sostanze che inducono dipendenza agiscono su questo sistema con intensità molto superiore, rispetto agli stimoli naturali, comportandosi come stimoli rinforzanti positivi che inducono a ripetere il consumo.

Gli effetti gratificanti sono dovuti soprattutto al rilascio di un mediatore chimico nel nostro cervello chiamato dopamina (in un'area chiamata nucleus accumbens*); la potenza e le modalità del rilascio della stessa dipendono dal tipo di sostanza assunta.

È stato dimostrato che le sostanze d'abuso portano ad una variazione strutturale dei neuroni che cambiano di numero, forma e dimensioni e si ha un'alterazione della regolazione di alcuni geni.

## Principali sostanze stupefacenti

### Derivati dell'oppio

Secondo la Relazione Annuale del 2016 sui dati relativi allo stato delle tossicodipendenze in Italia, l'1% degli studenti italiani dichiara di aver assunto eroina nei dodici mesi precedenti lo studio, lo 0,7% negli ultimi trenta giorni, e di questi ultimi il 57% ne ha fatto un uso frequente, corrispondente allo 0,4% di tutti gli studenti italiani. L'eroina risulta essere la sostanza d'abuso meno diffusa tra i giovani. L'eroina è assunta prevalentemente dai maschi e, a differenza di quanto rilevato per le altre sostanze illegali, le prevalenze per genere sono del tutto simili tra minorenni e maggiorenni. Gli studenti italiani ritengono sia possibile trovare facilmente eroina in strada (7%), in discoteca e attraverso lo spacciatore (6% in entrambi i contesti).

A livello nazionale nel 2015 i SerD, ossia i Servizi per le dipendenze hanno assistito complessivamente 143'020 soggetti tossicodipendenti: il 19,6% sono nuovi utenti e l'86,3% sono utenti di genere maschile. Il 75% degli utenti ha tra i 30 e i 54 anni e il 18% ha meno di 30 anni. Nel tempo si osserva un progressivo invecchiamento dell'utenza in carico. Il 70% degli utenti si rivolge ai SerD per uso primario di eroina.

A livello europeo la prevalenza media del consumo di oppiacei ad alto rischio tra gli adulti (15-64 anni) nel 2014 è stimata allo 0,4 %, equivalente a 1,3 milioni di consumatori di oppiacei ad alto rischio in Europa. Anche se l'eroina resta l'oppiaceo più comunemente consumato, l'abuso di altri oppiacei sintetici è sempre più in aumento.

### Storia

L'oppio è noto fin dai tempi più antichi, già dal 4000 a.C. i Sumeri incidevano le capsule immature del *Papaver somniferum* per estrarlo e servirsi dei suoi effetti euforizzanti. Anche Egizi, Greci e Romani lo usavano come antidolorifico e spesso ne subirono le conseguenze, tra cui la dipendenza. Durante il Rinascimento era molto usata la tintura di laudano, avente effetti analgesici e antidiarroici. Con il progredire delle conoscenze, alla fine del 1800, venne sintetizzata l'eroina e fu subito chiaro come provocasse una forte dipendenza.

## Uso terapeutico

I derivati dell'oppio vengono usati per il controllo del dolore acuto (post operatorio) e in quello cronico maligno (dolore da cancro), in quanto modificano la percezione del dolore innalzandone la soglia. Altri derivati oppioidi che non hanno effetto diretto sul cervello, vengono usati per contrastare tosse e diarrea.

## Azione generale

Gli oppioidi introdotti dall'esterno si legano a dei recettori specifici (μ,δ,κ). La loro stimolazione, da un lato è responsabile della riduzione del dolore e della sua percezione, dall'altro, degli effetti negativi come depressione respiratoria, miosi (restringimento pupille), vomito, blocco del transito intestinale, dipendenza fisica*.

## Azione sul cervello

Gli oppioidi agiscono in particolare sulla corteccia orbito frontale, corteccia cingolata anteriore, insula ed amigdala. L'uso pervasivo di queste sostanze provoca l'alterazione del funzionamento dei circuiti cerebrali che si trovano nella aree sopra citate, portando a deficit di:

- Flessibilità cognitiva (capacità di passare da un compito all'altro, dall'uso di un determinato criterio logico ad un altro, di cambiare il tipo di approccio al compito…);
- Impulsività (produzione di risposte premature e di attuazione di comportamenti che sfuggono al controllo inibitorio);
- Funzioni esecutive (abilità che permettono alle persone di mantenere l'attenzione su un certo compito, stabilire un obiettivo, trovare la strategia più adeguata per raggiungere un obiettivo, pianificare lo svolgimento e monitorare le proprie azioni, inibire i comportamenti inappropriati).

In alcuni studi è stato osservato che una singola somministrazione di oppioidi in soggetti sani e senza dipendenze da sostanze, attiva le regioni cerebrali coinvolte nei processi di ricompensa, ovvero quel sistema implicato nel mantenimento della dipendenza (Garland et al., 2013). Il nucleo centrale della dipendenza da sostanze è la persistenza dei ricordi collegati all'esperienza di "ricompensa" (in termini di sensazione di benessere, euforia, rilassamento …) che accompagna l'uso di droghe. Nello specifico, la classe degli oppioidi possiede un potente effetto euforico che, quando collegato ad un indizio ambientale, può produrre delle memorie relative alla sostanza che persistono per lungo tempo, anche durante l'astinenza. La disponibilità in memoria di ricordi riguardanti gli effetti positivi, ad esempio dell'eroina, spinge verso la ricerca della sostanza (Rosen et al., 2015).

## Tipi di oppioidi

### Morfina

La morfina allevia il dolore in quanto ne eleva la soglia e ne altera l'interpretazione a livello cerebrale (il dolore è presente, ma la sensazione non è spiacevole). Provoca un forte senso di appagamento e di benessere. Caratteristica distintiva del suo uso è la miosi (pupille ristrette chiamate "a capocchia di spillo"). Spesso provoca vomito perché vengono stimolate determinate aree a livello centrale. Causa depressione respiratoria, che si accentua con l'aumentare della dose fino alla completa cessazione degli atti respiratori. Tutti questi effetti a livello sanitario vengono costantemente monitorati sotto stretto controllo medico.

*Eroina*

Per alcune caratteristiche della sua struttura chimica (lipofilia), l'eroina arriva molto prima nel cervello rispetto a quanto può fare la morfina.

Non ha un uso terapeutico perché ha un elevato potenziale d'abuso e provoca una forte dipendenza.

*Come si trova in commercio*

L'eroina viene venduta sotto forma di polvere bianca, marrone o nera. Essendo una sostanza illecita, non è sottoposta a tutti i controlli che subiscono i vari farmaci prima di arrivare ai pazienti: per questo motivo spesso viene tagliata con altre sostanze, tra cui alcune droghe. Per tal motivo, il consumatore ignaro può assumere oltre all'eroina anche altre sostanze, a volte fatali perché non si è a conoscenza del contenuto. Non sapendo inoltre la reale quantità di eroina assunta c'è il rischio di assumerne una dose più elevata rispetto a quella che il nostro corpo è in grado di tollerare. Si va quindi in overdose, che può portare alla morte per depressione respiratoria.

*Tipologie di assunzione*

L'eroina può essere inalata fumata o iniettata con il rischio elevatissimo di trasmissione di patologie infettive come l'HIV o l'epatite perché spesso i tossicodipendenti si passano le siringhe.

La somministrazione di eroina in vena consente di ottenere in meno di un minuto una sensazione di benessere, rilassamento ed euforia che può durare da poche decine di secondi a qualche minuto. A questa fase ne segue una di tranquillità e sedazione per alcune ore.

L'assunzione di eroina per la prima volta provoca una sensazione d'intenso piacere, che porta in seguito il tossicodipendente a voler riprovare la sensazione iniziale che però non riuscirà più a sperimentare. Il tossicodipendente può arrivare ad iniettarsi eroina anche quattro volte al giorno per non provare gli effetti devastanti dell'astinenza come ipersudorazione, diarrea, dolori diffusi, dilatazione pupille, agitazione e ansia. Qualsiasi via di somministrazione dell'eroina causa dipendenza. Spesso, quando il tossicodipendente non è più in grado di controllarsi perché è totalmente dipendente (*addicted**) dalla sostanza (in quanto l'uso ripetuto porta allo sviluppo di tolleranza*) e deve continuare ad iniettarsi eroina, si rivolge ai servizi sanitari.

### Cocaina

Secondo l'Osservatorio Europeo delle droghe e delle tossicodipendenze la cocaina è la sostanza d'abuso psicostimolante più comunemente usata in Europa, dove si stima sia stata assunta nell'ultimo anno da 2,4 milioni di giovani adulti (15-34 anni). Circa il 4% degli studenti italiani tra i 15 e i 19 anni ha provato la cocaina almeno una volta nella vita. La cocaina essendo una sostanza stupefacente può alterare il fisiologico processo di maturazione cerebrale che termina verso i 21 anni.

*Storia*

Fin dall'antichità la cocaina viene coltivata in Perù, Bolivia, Colombia, Sri Lanka e Indonesia. È usanza degli abitanti di questi luoghi masticare le foglie di Coca mischiate alla calce per togliere il senso di fame, di stanchezza e fatica. Le foglie delle piante di *Erythroxylum coca* ed *Erythroxylum truxillense* contengono alcaloidi, tra i quali la cocaina.

Nel 1863 un chimico francese chiamato Angelo Mariani, basandosi su un saggio di un medico italiano, Paolo Mantegazza, che durante i suoi viaggi in Perù, aveva investigato l'uso della coca nella popolazione indigena, inventò il Mariani Wine, una bevanda prodotta facendo macerare foglie di coca nel vino. Questo "vino medicinale" ebbe un successo enorme nell'alta borghesia e tra le celebrità dell'epoca, come Émile Zola. Il Vino Mariani è stato il precursore della famosissima Coca-Cola®, inventata da un medico-farmacista statunitense, John Stith Pemberton, che durante gli anni del proibizionismo ne fece una versione analcolica, usando l'estratto di noci di cola e le foglie di cocaina, dalle quali poi è stato tolto l'alcaloide responsabile degli effetti negativi.

## Azione generale

La cocaina è un potente anestetico locale, vasocostrittore e psicostimolante che agisce bloccando la ricaptazione della dopamina che in questo modo rimane nello spazio sinaptico tra i neuroni. Il prolungamento degli effetti dopaminergici nel sistema limbico produce intensa euforia e sensazione di piacere. Si ha la sensazione di miglioramento delle performance (chiamata fase di megalomania), nella quale il soggetto percepisce una maggiore forza fisica e mentale e una diminuzione del senso di fame e sonno. Alla prima fase euforica ne segue una opposta dove ci si sente svogliati, irrequieti e irritabili. In caso di dosi elevate si hanno allucinazioni, sospettosità, anoressia, tremori, convulsioni.

## Azione sul cervello

Le sostanze stimolanti vengono assunte con l'obiettivo di migliorare le proprie performance sociali o cognitive, oltre che per lo stato di benessere che producono.

A breve termine sembra che le prestazioni cognitive siano superiori alla norma, ma l'utilizzo di queste sostanze, provoca, nel lungo termine, deficit di :

- Memoria verbale (capacità di immagazzinare, mantenere e rievocare del materiale attraverso il coinvolgimento del linguaggio. Es. imparare una sequenza di parole);
- Apprendimento.

L'abuso di cocaina compromette il funzionamento di due aree cerebrali in particolare: la corteccia prefrontale dorsolaterale e la parte anteriore del giro del cingolo.

La compromissione del funzionamento della corteccia prefrontale dorso laterale comporta deficit di:

- Attenzione (capacità di collocare e mantenere focalizzate le risorse cognitive su un compito);
- Memoria di lavoro (capacità di immagazzinare e mantenere un'informazione per il tempo necessario allo svolgimento di un compito nell'immediato);
- Memoria visuo-spaziale (capacità di mantenere e rievocare la posizione spaziale di uno o più stimoli. Es. apprendere le caratteristiche che compongono un'immagine);
- Memoria verbale (capacità di immagazzinare, mantenere e rievocare del materiale attraverso il coinvolgimento del linguaggio. Es. imparare una sequenza di parole).

Un danno ai circuiti collocati nella parte anteriore del giro del cingolo portano a deficit di:

- Impulsività (produzione di risposte premature e di attuazione di comportamenti che sfuggono al controllo inibitorio);
- Funzioni esecutive (abilità che permettono alle persone di mantenere l'attenzione su un certo compito, stabilire un obiettivo, trovare la strategia più adeguata per raggiungere un obiettivo, pianificare lo svolgimento e monitorare le proprie azioni, inibire i comportamenti inappropriati).

Entrambe le aree sono implicate nei cambiamenti comportamentali e motivazionali che accompagnano la dipendenza dalla sostanza, come la consapevolezza dell'intossicazione, l'importanza del rinforzo ricevuto dalla droga ed il desiderio ardente di essa.

Da alcuni studi è stato trovato che le alterazioni cognitive dovute all'abuso rimangono stabili durante tutto il primo mese di astinenza, per sfumare gradualmente dopo il 5° mese di sobrietà.

Una correlazione fra età di insorgenza del disturbo da dipendenza e severità dei deficit sottolinea quanto la prima sia un fattore di rischio: più è precoce l'inizio della dipendenza, minori saranno le possibilità di recupero successive.

*Tipologie di assunzione*

La cocaina viene ingerita, iniettata da sola o insieme all'eroina (*speedballing*), sniffata (*snow*) o fumata (come *crack*). Lo sniffing può portare a necrosi del setto nasale e perdita del senso dell'olfatto, mentre il fumo di cocaina può portare a molte complicanze polmonari con un quadro clinico definito *Crack lung*, in cui si presenta febbre, dolore toracico, mancanza di ossigeno, infiltrati alveolari e insufficienza respiratori.

Gli effetti stimolanti dipendono dalla via di somministrazione, quindi saranno minori se ingeriti; maggiori se sniffata, iniettata o inalata.

*Effetti collaterali*

La cocaina ha effetti collaterali che riguardano tutto l'organismo, ma in particolare facendo lavorare di più il cuore, l'abuso ha effetti tossici cardiovascolari a cui si associano disturbi quali aritmia, ischemia cardiaca e infarto del miocardio, miocardiopatia dilatativa, coagulazione intravasale disseminata ed emorragia cerebrale.

Molti accessi al Pronto Soccorso di giovani (spesso maschi e fumatori) che hanno fatto uso di cocaina sono dovuti a sintomatologie cardiopolmonari. Inoltre, la contemporanea assunzione di alcol e cocaina, chiamata cocaetilene, ha un effetto cardiotossico sinergico che è maggiore della somma dell'effetto della singola sostanza. Il rischio di morte improvvisa con cocaetilene è 21 volte superiore rispetto all'utilizzo della sola cocaina.

*Abuso*

L'uso di crack, essendo questa sostanza facilmente assorbibile e penetrando rapidamente nel cervello, assicura effetti psicostimolanti molto intensi (rush), che però declinano molto rapidamente. Questo porta il soggetto a sentire il desiderio di consumare di nuovo la sostanza (craving) anche se ne dovrà consumare una quantità sempre maggiore per provare lo stesso piacere delle prime somministrazioni (sviluppo di tolleranza*). Il consumo cronico porta il soggetto a non ottenere più gratificazione in modo naturale e quindi a sviluppare una forma di dipendenza prevalentemente psichica*, chiamata cocainismo.

Riassumendo: il soggetto dipendente da cocaina passa da una fase successiva all'assunzione, dove si sente aggressivo, ansioso, insonne, ad una fase totalmente opposta, chiamata fase di astinenza dove si sente letargico, depresso, apatico e desideroso di assumere nuovamente la sostanza. L'abuso di cocaina può portare a sviluppare disturbi dell'umore, psicosi affettive e dissociative, disturbi neurocognitivi, allucinazioni e diminuzione delle facoltà mentali.

## Allucinogeni e amfetamine

Questo gruppo molto eterogeneo di sostanze viene trattato insieme, ma le amfetamine sono psicostimolanti che hanno effetti più simili alla cocaina; gli allucinogeni invece inducono perdita di contatto con la realtà con vari tipi di allucinazioni; l'ecstasy è una via di mezzo tra psicostimolanti e allucinogeni.

Tra gli studenti gli utilizzatori frequenti di sostanze stimolanti corrispondono allo 0,7%, di allucinogeni allo 0,6%, mentre il 28% e 29% rispettivamente hanno utilizzato stimolanti o allucinogeni più di 20 volte nel 2015. Il 10% degli studenti italiani ritiene che sia facile reperirli soprattutto nelle discoteche o negli spazi aperti. A livello europeo tra i giovani adulti (15-34 anni) i livelli di prevalenza di consumo di LSD e funghi allucinogeni sono generalmente bassi e stabili da qualche anno e sono inferiori all'1%.

### Storia

Gli allucinogeni sono stati usati fin dall'antichità da moltissime culture che si servivano di queste "piante sacre" durante rituali religiosi per alterare la percezione del mondo attorno a sé ed avere visioni mistiche. Si ritiene che molti episodi classificati come di stregoneria durante il medioevo, ma anche durante il 1600 nel continente Americano, siano dovuti a un fungo parassita delle graminacee chiamato *Claviceps purpurea* che infetta il grano. L'ingestione di queste farine inquinate causa un'intossicazione che può provocare anche allucinazioni. Questa intossicazione colpiva soprattutto le donne, che venivano quindi processate come streghe e perseguitate, mentre in realtà i comportamenti anormali erano causati dall'ingestione di farine inquinate. Il chimico Albert Hoffman nel 1943, studiando dei composti estratti dalla *Claviceps purpurea* riuscì a sintetizzare la dietilamide dell'acido lisergico LSD, il più potente allucinogeno conosciuto fino ad oggi.

Durante la seconda guerra mondiale è documentato l'abuso tra i soldati del Terzo Reich della metamfetamina Pervitin®, che permetteva loro di rimanere svegli e vigili per molto tempo.

Gli psichedelici trovarono ampia diffusione durante gli anni '60, legati alla cultura hippy e a molti movimenti artistici, come la *Beat Generation*. Le amfetamine erano molto usate tra gli studenti che volevano aumentare la concentrazione e non addormentarsi sui libri, non si conoscevano però gli effetti collaterali che ne hanno portato a vietarne l'uso.

## Azione generale

Le amfetamine inducono rilascio di dopamina e serotonina; gli allucinogeni hanno analogie strutturali con la serotonina per cui agiscono con questo sistema modificandone le funzioni anche se il meccanismo d'azione ad oggi è sconosciuto.

Gli allucinogeni in generale distorcono le percezioni di chi li assume; si ha perdita di contatto con la realtà, perdita della percezione del tempo e dello spazio, modificazione dei sensi (ad esempio il tatto può essere percepito come suono...).

L'annullamento di questi confini è una situazione molto pericolosa in quanto la disintegrazione psicotica può generare panico devastante; inseguito all'uso di queste sostanze si sono verificati diversi fatti di cronaca (ad esempio, per defenestramento perché il soggetto credendo di essere un supereroe si butta dalla finestra) oppure delle slatentizzazioni di malattie sottostanti (come la comparsa di patologie schizofreniche dopo una sola assunzione). Questo è accaduto in soggetti in parte predisposti, ma l'assunzione della sostanza ha portato alla luce una malattia che forse non si sarebbe mai manifestata.

## Azione sul cervello

La dipendenza da amfetamine non è molto comune, ma lo è il *craving*: il desiderio di assunzione è molto marcato. L'abuso interferisce spesso con le prestazioni scolastiche, lavorative e sociali dell'individuo che può avere comportamenti pericolosi verso di sé e gli altri. L'intossicazione viene esplicitata come sindrome da mal adattamento psicologico in cui il soggetto diventa molto ansioso in quanto ha paura di perdere la testa.

L'uso anche occasionale di allucinogeni, come detto in precedenza, può indurre sindromi psicotiche; particolari circostanze o eventi possono far riemergere disturbi percettivi persistenti come flashback, anche anni dopo l'assunzione.

È stato provato che le amfetamine possano migliorare le prestazioni cognitive nei soggetti sani, in presenza di deficit di attenzione ed iperattività ed in altri disturbi neuropsichiatrici. L'utilizzo cronico delle sostanze provoca compromissioni a livello attentivo e della memoria. Le amfetamine, infatti, agiscono come neurotossici, colpendo le cellule ed incrementando i livelli di concentrazione di alcune proteine che provocano la morte dei tessuti.

Per quanto riguarda mentamfetamine ed ecstasy, studi evidenziano un funzionamento ridotto delle aree corticali fondamentali per:

- Funzioni esecutive (abilità che permettono alle persone di mantenere l'attenzione su un certo compito, stabilire un obiettivo, trovare la strategia più adeguata per raggiungere un obiettivo, pianificare lo svolgimento e monitorare le proprie azioni, inibire i comportamenti inappropriati).

Le metanfetamine, oltre ad avere un effetto neurotossico, portano a deficit di memoria.

L'ecstasy è fortemente associata ad un decadimento di:

- Memoria di lavoro (capacità di immagazzinare e mantenere un'informazione per il tempo necessario allo svolgimento di un compito nell'immediato);
- Memoria visuo-spaziale (capacità di mantenere e rievocare la posizione spaziale di uno o più stimoli. Es. apprendere le caratteristiche che compongono un'immagine);
- Apprendimento;
- Alterazione ritmo sonno-veglia.

La compromissione psicobiologica avviene soprattutto nei lobi frontali, temporali e nell'ippocampo.

## Tipi di allucinogeni

### Ecstasy (MDMA, metilen-diossi-metil amfetamina)

Ha effetti intermedi tra le amfetamine vere e proprie e gli allucinogeni. Spesso è assunta per favorire i rapporti sociali in quanto fa sentire in pace con se stessi e con gli altri e provoca disinibizione, distorsione di tutte le sensazioni (è una sostanza entactogena, ossia "tocca dentro", ed empatogena). Alla dose a cui normalmente viene assunta per via orale di 80-150 mg provoca tachicardia, perdita dell'appetito, insonnia, sudorazione e aumento temperatura corporea; l'assunzione della stessa in ambienti spesso sovraffollati e surriscaldati come le discoteche può provocare disidratazione, ipovolemia e collasso cardiocircolatorio.

L'uso ripetuto sembra portare a danno neuronale e gli effetti tossici purtroppo sono imprevedibili perché dipendono dalla sensibilità verso la sostanza che è diversa da individuo a individuo. Spesso viene assunta in un contesto di polidrugabuse* e la prima causa di morte sono le aritmie cardiache perché fa lavorare di più il cuore. Nei giorni successivi all'assunzione si ha difficoltà di concentrazione, deficit a livello della memoria di lavoro e perdita della motivazione, ansia, tristezza e distorsioni visive.

## LSD (Dietilamide dell'acido lisergico)

È molto potente e si hanno effetti sul comportamento già a 20 microgrammi; si ha la sensazione di disintegrazione corpo-mente, alterazioni sensoriali e allucinazioni, perdita della capacità di giudizio. L'LSD viene venduta sottoforma di compresse. Gli effetti durano per molto tempo, anche fino a 12 ore, e possono comparire allucinazioni improvvise anche dopo molto tempo dall'assunzione. Spesso si ha la sensazione di non riuscire più ad entrare nel proprio corpo e quindi si prova panico devastante che può portare a comportamenti autolesivi.

## Mescalina

Si trova nel cactus Peynote (Lophopora Williamsii) che è originario dell'America centrale, dove veniva usato nelle pratiche religiose dagli indiani d'America. Viene chiamata anche LSD dolce, in quanto le allucinazioni che provoca impattano meno sulla sfera emotiva. Provoca però forte nausea e vomito.

## Psilocybe

È un principio attivo identificato da Albert Hoffman che si trova in funghi allucinogeni coltivati in Messico e in Centro America, usato nei rituali religiosi fin dal 500 a.C. e chiamato cibo degli dei. Prima della comparsa degli effetti psichedelici si ha nausea e vomito e, come per la mescalina, ha potenza minore rispetto all'LSD.

## Altre sostanze con effetto dissociativo

### *Ketamina e Fenciclidina (PCP peace pill o pillola degli angeli)*

Queste sostanze erano usate come anestetici negli anni Cinquanta. L'uso medico è stato abbandonato perché si verificarono problemi comportamentali. La PCP è usata per via orale, endovenosa e inalatoria, già alla dose di 2 mg prova distacco dall'ambiente, tachicardia e sudorazione; aumentando la dose si ha dissociazione tra mente e corpo, fino al coma. Può svilupparsi dipendenza e psicosi tossica, il consumatore può avere disturbi della personalità che si protraggono nel tempo. La ketamina, essendo inodore e insapore, può essere usata per commettere abusi sessuali perché le vittime inconsapevoli la assumono senza accorgersene, ad esempio disciolta in una bevanda. È chiamata rape-drug, ossia droga dello stupro.

### *Salvia divinorum*

È un nuovo allucinogeno sperimentato in Europa; il terpene si trova in una pianta nativa del Messico, viene fumata e produce intense esperienze di extracorporalità.

## Cannabis

La cannabis risulta essere la sostanza d'abuso maggiormente utilizzata sia tra i giovani che tra gli adulti, sia in Italia che in Europa, e anche nel mondo intero; è utilizzata da circa il 30% della popolazione mondiale. Dopo un decennio di andamento decrescente, si registra una ripresa dei consumi di cannabis.

In Italia come pubblicato dalla Relazione Annuale sui dati relativi allo stato delle dipendenze, un terzo degli studenti italiani tra i 15 e i 19 anni ha provato cannabis almeno una volta nella vita, mentre quasi il 27% l'ha utilizzata recentemente. I maschi la utilizzano più delle femmine rispettivamente nel 38% e 28% dei casi.

Tra gli studenti italiani, il 43% ritiene che sia facile potersi procurare cannabis e quelli che l'hanno assunta frequentemente nell'ultimo mese (20 o più volte) evidenziano una forte associazione positiva con l'intraprendere altri comportamenti a rischio, come fumare quotidianamente sigarette, aver assunto sostanze psicoattive "sconosciute", bere 5 o più unità alcoliche e anche giocare d'azzardo.

Kandel e collaboratori hanno elaborato la *"gateway hypothesis"*, secondo la quale il consumo di cannabis in età precoce sia un "portale" verso l'uso di droghe più pesanti.

*Cannabinoidi*

La cannabis è ottenuta dalla pianta della canapa indiana (*Cannabis sativa*) che contiene centinaia di sostanze tra cui il principale composto psicotropo, responsabile degli effetti psicoattivi caratteristici della cannabis, il delta-9-tetraidrocannabinolo, conosciuto come THC.

In base al contenuto di THC e alla parte della pianta usata si distinguono:

- Hashish è l'essudato resinoso essiccato prodotto delle infiorescenze, contiene il 10-12% di THC;
- Marijuana sono le foglie, fiori (Ganja), gambi essiccati (Bhang) che contengono dall'1 al 6% di THC;
- Olio di Hashish è l'olio ottenuto tramite estrazione con solventi organici; è simile al catrame e contiene fino al 60% di THC.

Si usa anche mischiare la marijuana con l'hashish e si ottiene un composto chiamato "*scaf*".

La cannabis essendo una delle prime sostanze d'abuso ad essere sperimentata viene spesso fumata con il tabacco in forma di sigarette rollate a mano. Studi sostengono come il fumo di cannabis contenga maggiori idrocarburi cancerogeni rispetto al fumo di tabacco, rendendola più dannosa delle comuni sigarette.

*Azione generale*

La cannabis agisce perché nel nostro corpo si trova un "sistema" chiamato endocannabinoide che regola molti processi fisiologici che agiscono sul controllo motorio, del peso, sulla memoria e su comportamenti come l'assunzione di cibo; a questo "sistema" si legano  sia delle sostanze che sono prodotte dal nostro corpo, sia il THC che però ha effetti psicoattivi.

Il THC essendo un composto lipofilo entra rapidamente nel cervello e si accumula anche nel tessuto adiposo, la sua presenza può essere rintracciata anche a settimane di distanza.

Con il fumo si ha un effetto molto rapido perché viene assorbito il 60% di THC, mentre per ingestione l'effetto è inferiore in quanto ne viene assorbito il 3% .

Gli effetti in generale cambiano in base alla dose, predisposizione individuale e via di somministrazione; comprendono inizialmente senso di benessere con euforia, grande loquacità, aumento delle percezioni sensoriali a cui seguono rilassamento, sedazione, sonnolenza, compromissione della memoria a breve termine, incoordinazione motoria, alterata percezione tempo e spazio. In alcuni casi che non si possono prevedere si possono manifestare allucinazioni, stati d'ansia e attacchi di panico.

*Azione sul cervello*

Secondo chi ne fa uso, la marijuana produce sull'organismo una sensazione di rilassamento e aumento della creatività. L'alterazione dello stato di coscienza, la riduzione del controllo inibitorio e delle funzioni cognitive, possono essere sufficienti per compromettere lo svolgimento delle attività della vita quotidiana.

Un consumo importante e cronico di cannabis può aumentare il rischio di sviluppare disregolazione affettiva, scarso controllo cognitivo, rendimento inferiore alle attese e maggiore tendenza alla dipendenza da altre droghe.

In uno studio condotto confrontando i dati provenienti da persone consumatrici regolari di cannabinoidi e non, è emerso che la materia grigia (che forma la corteccia cerebrale) delle prime si riduce di volume nel lobo temporale, nel giro para-ippocampale , nell'insula e nella corteccia orbito frontale. Le aree appena citate sono ricche di recettori per i cannabinoidi e hanno la funzione di regolare motivazione, emotività ed affettività.

La riduzione significativa della materia grigia dipende sia dall'uso massiccio di cannabis, indipendentemente dall'età di inizio, sia dall'uso ricreativo in età precoce (esordio adolescenziale).

*La cannabis in adolescenza*

Negli adolescenti il consumo di cannabis è particolarmente dannoso perché fino ai 20 anni il cervello continua a svilupparsi e proprio durante l'adolescenza avvengono importanti modifiche. L'uso di cannabis in adolescenti può avere implicazioni successive sia in ambito scolastico, lavorativo e sociale; è stata dimostrata compromissione dell'apprendimento e della memoria a breve termine anche per molte settimane successive all'assunzione, oltre che l'alterazione neurochimica del cervello.

L'abuso può determinare lo sviluppo di una sindrome amotivazionale nella quale le persone, soprattutto giovani, che la assumono frequentemente non sono più in grado di provare piacere e si sentono apatici e tristi. Inoltre, il consumo regolare di cannabis nell'adolescenza è stato associato a un aumento del rischio di diagnosi di schizofrenia e di un ritardo intellettivo se l'uso viene protratto anche nell'età adulta.

Oltre che sul sistema nervoso centrale, la cannabis ha effetti anche su altri apparati: si ha accelerazione del battito cardiaco e fa diminuire la pressione arteriosa stando in piedi. Si può sviluppare un danno cromosomico e un disturbo del bilancio ormonale con impotenza, sterilità e sviluppo di tumore al seno nell'uomo e minore resistenza alle infezioni.

*Sviluppo dipendenza*
Si può sviluppare dipendenza da cannabis perché viene rilasciata dopamina e le sostanze che di solito causano dipendenza spesso fanno aumentare il rilascio di questo neurotrasmettitore nel cervello. Durante il periodo di astinenza si prova ansia, irritabilità, modificazioni dell'appetito e del sonno. L'abuso cronico come detto in precedenza porta a non provare più piacere e al rischio di sviluppare psicosi.

*Usi terapeutici*
Gli usi terapeutici della cannabis per la riduzione del dolore, il controllo di nausea e vomito dovuto a farmaci chemioterapici, la stimolazione dell'appetito, il trattamento della spasticità sono ad oggi oggetto di numerosi dibatti, spesso infondati e riguardanti la sua commercializzazione sul territorio nazionale, in quanto mancando evidenze scientifiche certe, ci sono ancora diverse problematiche da affrontare, studiare e approfondire.

Non deve quindi essere confuso l'uso della sostanza sotto stretto controllo medico e l'utilizzo della stessa a scopo voluttuario, in quanto è emerso che si stanno generando false rassicurazioni riguardanti il fatto di dichiararne l'innocuità e quindi di giustificarne l'abuso, soprattutto tra i giovani, che non la percepiscono come un rischio per la salute.

## Inalanti

Gli inalanti volatili sono sostanze presenti in moltissimi prodotti a basso costo facilmente reperibili (colle, smacchiatori, vernici, gas per accendini, deodoranti per ambienti...) molto consumati tra i ragazzi nella fascia d'età 12-17 anni. Contengono solventi, propellenti che hanno la capacità di indurre disinibizione ed euforia. Vengono inalati direttamente dal contenitore o da uno straccio imbevuto della sostanza. Oltre al rischio di intossicazione molto frequente, il danno derivante da questi prodotti è di tipo tossico su molti organi in particolare polmoni, fegato e reni. Possono inoltre scaturire disturbi della personalità.

## Alcol

Da più di un centinaio di anni vengono analizzati gli effetti dell'alcol sul corpo umano, facendo di esso la sostanza di abuso maggiormente studiata. Partiamo dall'operare una distinzione circa le modalità di assunzione delle sostanze alcoliche:

*Social drinking* → si tratta dell'assunzione di alcolici in contesti sociali, mantenendo il controllo sulla quantità ingerita;

*Binge drinking* → si tratta dell'assunzione di una grande quantità di alcolici in un intervallo di tempo ristretto, seguito da un periodo di astinenza;

Alcolismo → si tratta di una vera e propria dipendenza da alcol che provoca intossicazione e devastanti effetti fisici e psicologici, nel lungo termine. Infatti, l'uso cronico di alcolici danneggia praticamente tutti i sistemi fondamentali del corpo.

Il consumo eccessivo e cronico di alcol altera la struttura del cervello e ne compromette il funzionamento. Le aree maggiormente compromesse sono: il circuito fronto-cerebellare, coinvolto nel controllo del movimento, ed il circuito di Papez, implicato nel controllo della memoria episodica.

Queste disfunzioni cerebrali sono associate a deficit neuropsicologici, ovvero le persone mostrano prestazioni deficitarie in attività che si basano su:

- Funzioni esecutive (abilità che permettono alle persone di mantenere l'attenzione su un certo compito, stabilire un obiettivo, trovare la strategia più adeguata per raggiungere un obiettivo, pianificare lo svolgimento e monitorare le proprie azioni, inibire i comportamenti inappropriati);
- Memoria episodica (formata dai ricordi ed episodi puntuali circa gli eventi della vita);
- Cognizione sociale (capacità delle persone di individuare le caratteristiche dall'ambiente in cui si trovano, di interpretarle, di generare risposte adeguate e relazionarsi con esso);
- Abilità visuo-spaziali (abilità relative all'elaborazione di informazioni visive relative alle caratteristiche degli elementi, ai loro movimenti nello spazio e alle posizioni da essi assunte nello spazio);
- Abilità motorie (insieme di abilità quali coordinazione, apprendimento di una sequenza motoria, controllo e trasformazione del movimento, combinazione e differenziazione dell'atto motorio, equilibrio,

orientamento, ritmo, reazione, orientamento ed adattamento del movimento).

I deficit cognitivi causati dalla dipendenza da alcol limitano le possibilità di beneficiare dei trattamenti riabilitativi proposti, compresa la capacità di rimanere astinenti e rispettare il contratto terapeutico.

L'uso eccessivo e prolungato di sostanze alcoliche consiste in un fattore di rischio per lo sviluppo di una tipologia di demenza, nota come demenza alcolica, che comporta, in particolare, disorientamento, disinibizione e distrazione. L'insorgenza della patologia è precoce rispetto agli altri quadri di demenza e, rispetto ad essi, i deficit possono essere parzialmente reversibili dopo un periodo di astinenza dalla sostanza.

Un'altra patologia associata al consumo eccessivo e cronico di alcolici è la sindrome di Korsakoff. Essa è causata principalmente da un problema metabolico dovuto alla carenza di tiamina (B1), una vitamina che interagisce con il sistema nervoso. Il sintomo principale della sindrome è l'amnesia anterograda, ovvero l'incapacità di formare nuovi ricordi e di apprendere nuovo materiale, sia costituito da informazioni non personali (fatti di attualità, volti di personaggi famosi…) che da ricordi autobiografici. Le lacune della memoria vengono compensate con le confabulazioni, ovvero delle costruzioni di falsi ricordi, che prendono spunto dalla domanda o da informazioni ambientali reali, ma che si riferiscono ad eventi mai accaduti. La sindrome di Korsakoff è irreversibile.

Una condizione reversibile che spesso precede l'insorgenza della sindrome di Korsakoff, è l'encefalopatia di Wernicke. La causa alla base delle due patologie è la medesima: l'assenza di tiamina dovuta alla cattiva nutrizione della persona alcolista. L'encefalopatia di Wernicke si manifesta con gravi problemi di memoria che possono recedere se la persona riceve l'apporto di tiamina necessario per via parenterale (tramite flebo o iniezione), entro le 72 ore successive all'insorgenza dei deficit. In caso contrario, l'encefalopatia può sfociare in sindrome di Korsakoff.

Se importanti dosi di alcol vengono assunte dalle donne durante la gravidanza, la sostanza può avere effetti deleteri sul feto, conducendo alla cosiddetta sindrome alcolica fetale. Essa consiste in ritardo mentale, problemi di crescita e malformazioni nel bambino; inoltre è associata ad un'alta mortalità infantile.

Oltre ai seri rischi di carattere fisico e neuropsicologico dovuti all'abuso di alcol, i forti bevitori causano, nella stragrande maggioranza dei casi, rilevanti problemi psicologici a se stessi ed alle persone a loro vicine. L'alcolismo può portare ad ansia, depressione e, addirittura, cambiamenti della personalità.

# Riabilitazione dei disturbi di dipendenza

## Dipendenza

*A cura di Federica Grossi*

È assai complicato e controverso individuare la causa dello sviluppo di una dipendenza; spesso entrano in gioco diversi fattori che interagiscono fra loro e che, nel loro complesso, devono essere ugualmente considerati nell'elaborazione di un progetto riabilitativo.

## Componenti biologiche

Tutte le droghe hanno effetti biologici (es. tolleranza*, astinenza) e, addirittura, esistono prove genetiche della predisposizione a sviluppare dipendenza da sostanze. Gli interventi biologici si differenziano in base al tipo di sostanza.

## Alcol

Il trattamento della dipendenza da alcol inizia con un periodo di astinenza, sotto supervisione del medico che controlla i sintomi dovuti all'astinenza. Spesso vengono somministrate ai pazienti le benzodiazepine, una classe di farmaci che riesce ad assopire le crisi di astinenza. Un farmaco molto usato è l'Antabuse® (Disulfiram) che, se viene assunto e combinato con alcolici, provoca sintomi fisici molto spiacevoli, come vomito e mal di testa; preso regolarmente controlla l'impulso a bere.

## Oppioidi

Per quanto riguarda il trattamento degli oppioidi (es. eroina) è necessario iniziare dal controllo dei sintomi delle crisi di astinenza; i farmaci utilizzati sono gli antagonisti degli oppioidi che bloccano i recettori per queste sostanze. Successivamente si procede con una terapia di mantenimento, che prevede la somministrazione di oppioidi sicuri in contesi medici controllati, scalando la dose. Il farmaco ha il solo scopo di eliminare il desiderio di avere la droga, senza provocare gli effetti di "sballo".

## Cocaina

Nel trattamento della cocaina vengono impiegati molti farmaci, come antidepressivi, anticonvulsivi, antagonisti degli oppioidi... che producono, però, risultati contrastanti e poco chiari.

# Componenti socioculturali

Oltre alle componenti biologiche, alla base dello sviluppo di una dipendenza, può esserci anche una serie di componenti culturali e sociali, legati al contesto in cui la persona vive, agli incoraggiamenti ricevuti ed ai modelli proposti (Vedi pag.72). Gli interventi sviluppati in questa dimensione coinvolgono la famiglia e la rete sociale del paziente, perciò sono conosciute come terapie di rete.

Le famiglie di persone con problemi di dipendenze hanno al loro interno, secondo gli studiosi, dinamiche che mirano al mantenimento dell'equilibrio, ma che non sempre aiutano la remissione dei sintomi.

Uno schema utilizzato è quello della negazione condivisa: il problema della dipendenza rimane un "segreto" ben protetto all'interno della famiglia. Non esplicitando il problema della tossicodipendenza, nessuno chiederà aiuto. Un altro fenomeno che può essere rintracciato è quello della co-dipendenza, secondo il quale, involontariamente, uno o più membri della famiglia colludono con l'abuso di sostanza da parte di un membro, anche se a livello consapevole si oppongono.

A questo livello si interviene con la terapia familiare, volta a ristabilire i ruoli familiari e delle dinamiche sane.

## Componenti comportamentali

Le droghe, attraverso le sensazioni piacevoli procurate, agiscono rinforzando positivamente il comportamento di abuso (Vedi pag.105). In aggiunta, le sostanze alleviano i vissuti di stress, riducendo la tensione (rinforzo negativo, che fa venire meno una condizione spiacevole). Questa duplice azione porta alla dipendenza. Addirittura ci sono indizi contestuali che si associano automaticamente, a livello mentale, all'assunzione della sostanza e che funzionano da richiamo con la loro sola presenza. Ad esempio il solo passare attraverso un quartiere della città, in cui si è soliti acquistare e consumare una dose, attiva il desiderio della sostanza. Esiste un effetto, noto come tolleranza\* comportamentale, che, con l'andare del tempo, fa in modo che la quantità di droga assunta provochi minori effetti sul corpo, portando la persona a cercarne in dosi superiori. L'apprendimento sociale, che può avvenire in famiglia o all'interno del gruppo di riferimento, consiste nell'imitazione di un comportamento di dipendenza.

Sono state messe a punto delle tecniche che sfruttano l'apprendimento comportamentale, con la finalità di estinguere la condotta a rischio.

La *sensibilizzazione covert* consiste nell'abbinare immagini emotivamente spiacevoli  con i comportamenti indesiderati. La *terapia aversiva*, similmente, prevede che l'uso di droghe sia connesso con uno stato corporeo sgradito. Ad esempio assunzione di un farmaco che provochi malessere se abbinato all'ingerimento di una sostanza d'abuso (es. l'Antabuse®).

Un'altra forma di trattamento è la gestione delle contingenze: il paziente riceve un bonus (es. un permesso, un privilegio) ogni volta che mette in atto una condotta salutare, mentre viene punito o non gli viene concesso un benefit quando il suo comportamento è orientato alla droga.

Esistono poi degli interventi mirati alla prevenzione di ricadute. Il primo fra questi è il modello di prevenzione delle ricadute, nel quale si aiuta il paziente a riconoscere le caratteristiche delle situazioni a rischio, da evitare e, contemporaneamente, si lavora sulle strategie funzionali per fronteggiare le situazioni di stress, senza ricorrere alla sostanza. Il secondo approccio è il training di autocontrollo comportamentale, utilizzato in particolare con l'alcolismo, che ha come obiettivo sia l'astinenza che un uso controllato e non problematico della sostanza. Consiste nell'applicazione di una serie di tecniche comportamentali per fissare degli obiettivi raggiungibili, controllarsi, gestire il consumo, monitorare gli obiettivi raggiunti, analizzare le situazioni in cui viene assunta la sostanza ed imparare strategie di adattamento. La persona può applicare il metodo in autonomia, essere seguita da un terapeuta singolarmente o in gruppo.

## Componenti cognitive

L'esperienza soggettiva degli effetti della droga coinvolge molti aspetti cognitivi. Innanzi tutto ogni persona che si avvicini all'uso di una sostanza lo fa perché ha sviluppato delle aspettative circa l'effetto che questa produrrà. Le aspettative iniziali sono in grado di influenzare la reale sensazione conseguente l'assunzione. In questo modo si creano delle "profezie che si auto avverano", basate sul fatto che se esiste nel soggetto la convinzione che un tipo di droga sia in grado di procurare benessere e rilassamento, egli, dopo averla assunta, sarà persuaso di provare esattamente quelle sensazioni, confermando le aspettative. Questo meccanismo rappresenta un pericoloso incentivo alla dipendenza. I ricercatori hanno provato l'esistenza di un aspetto legato al giudizio sociale, soprattutto fra i bevitori, che porta le persone ad accelerare gli episodi di consumo della sostanza per liberarsi della paura e dell'ansia di giudizio.

Lo psicologo Albert Bandura ha identificato due costrutti: le aspettative circa il risultato e l'autoefficacia. Le aspettative si riferiscono alle conseguenze comportamentali ed affettive conseguenti ad un certo comportamento. Equivalgono alle affermazioni "se… allora…" , se mi comporto in un certo modo, allora avrò le tali conseguenze. Il senso di autoefficacia, invece, dipende da ciò che una persona pensa della capacità di gestire le proprie condotte e di avere successo o insuccesso. Entrambe le dimensioni sono coinvolte della tossicodipendenza*. In particolare, un grande fattore di rischio per la tossicodipendenza* è dato dal basso livello di autostima e di senso di autoefficacia nell'affrontare le difficoltà della vita di tutti i giorni; questa condizione porta a formulare dei nessi "se... allora..." fallaci in cui se assumo la sostanza, allora riuscirò ad ottenere i risultati o a non sentirmi frustrato.

Per l'approccio cognitivo un ruolo importante è sicuramente rivestito dagli schemi cognitivi, ovvero da quei modelli mentali che vengono utilizzati per organizzare le informazioni. Schemi cognitivi negativi portano all'instaurarsi di pensieri automatici negativi. Ad esempio, lo schema di pensiero "solo con una canna sto veramente bene", porta ai pensieri automatici negativi "ho molti problemi che non riesco a gestire, se mi sballo non mi preoccupo", "se sto così bene, male non può fare"...

La ricerca dei pensieri automatici negativi, degli schemi cognitivi disfunzionali, della mancanza di autoefficacia, sono il nucleo centrale dell'intervento cognitivo. La finalità è quella di praticare una ristrutturazione cognitiva che porti il paziente a sviluppare migliori abilità sociali, modificare le aspettative di autoefficacia e gestione delle criticità e a prevenire le ricadute.

## Componenti psicodinamiche

L'approccio psicodinamico è particolarmente attento all'emotività delle persone che hanno sviluppato una tossicodipendenza. Nella maggior parte dei casi si tratta di soggetti che usano la sostanza per offuscare le emozioni troppo forti e intollerabili. Spesso i pazienti hanno difficoltà nel riconoscere e verbalizzare le proprie sensazioni, una condizione che prende il nome di alessitimia, perciò assumono la sostanza quando l'emozione è troppo intensa per essere gestita.

Un particolare riguardo è riservato ai meccanismi di difesa che permettono lo sviluppo ed il mantenimento del comportamento dipendente. Un meccanismo è quello della negazione, che non permette alla persona di accettare la realtà; in questo modo, non riconoscendo il problema, non verrà ricercato nessun intervento di aiuto. Un secondo meccanismo è quello del pensiero onnipotente, cioè la credenza di poter avere il controllo su tutte le situazioni, anche quelle divenute ormai ingestibili. Le persone tossicodipendenti affermano spesso di poter smettere con la sostanza in qualsiasi momento, se solo lo volessero, senza considerare, però, che la dipendenza, come si è visto nel corso del libro, agisce profondamente sia a livello bio-fisico che a livello psicologico.

L'intervento psicodinamico mira alla gestione dell'emotività, rintracciando quali siano state le emozioni negative evitate tramite l'uso di sostanze.

# Metodo dei dodici passi

Il metodo dei 12 passi è un sistema di auto aiuto elaborato dagli Alcolisti Anonimi (associazione fondata nel 1935 da Wilson e Smith negli USA), ma che può essere applicato a numerosi altri problemi di dipendenza.

I dodici passi sono:

1. Abbiamo ammesso di essere impotenti di fronte all'alcol e che le nostre vite erano divenute incontrollabili;

2. Siamo giunti a credere che un Potere più grande di noi potrebbe ricondurci alla ragione;

3. Abbiamo preso la decisione di affidare le nostre volontà e le nostre vite alla cura di Dio, come noi potemmo concepirLo;

4. Abbiamo fatto un inventario morale profondo e senza paura di noi stessi;

5. Abbiamo ammesso di fronte a Dio, a noi stessi e a un altro essere umano, l'esatta natura dei nostri torti;

6. Eravamo completamente pronti ad accettare che Dio eliminasse tutti questi difetti di carattere;

7. Gli abbiamo chiesto con umiltà di eliminare i nostri difetti;

8. Abbiamo fatto un elenco di tutte le persone cui abbiamo fatto del male e siamo diventati pronti a rimediare ai danni recati loro;

9. Abbiamo fatto direttamente ammenda verso tali persone, laddove possibile, tranne quando, così facendo, avremmo potuto recare danno a loro oppure ad altri;

10. Abbiamo continuato a fare il nostro inventario personale e, quando ci siamo trovati in torto, lo abbiamo subito ammesso;

11. Abbiamo cercato attraverso la preghiera e la meditazione di migliorare il nostro contatto cosciente con Dio, come noi potemmo concepirLo, pregandoLo solo di farci conoscere la Sua volontà nei nostri riguardi e di darci la forza di eseguirla;

12. Avendo ottenuto un risveglio spirituale come risultato di questi Passi, abbiamo cercato di portare questo messaggio agli alcolisti e di mettere in pratica questi principi in tutte le nostre attività.

# SERVIZI PUBBLICI PRESENTI SUL TERRITORIO

*A cura di Daniele Gatti, Cristina Mantese e Giuseppe Marino*

Sul finire del libro abbiamo creduto opportuno dedicare un capitolo alle strutture presenti sul territorio e rivolte ai disturbi di dipendenza in generale e di tossicodipendenza. Conoscere queste strutture può essere utile, non solo a chiunque abbia problemi legati ai disturbi di dipendenza, ma a tutta la società. Tramite la conoscenza, la collaborazione e l'interesse verso questi centri specializzati, è possibile contribuire significativamente al miglioramento delle nostre realtà territoriali.

## SerT e Dipartimenti delle Dipendenze

SerT è una sigla che sta a significare Servizi per le Tossicodipendenze. Assieme ai SerD (Servizi per le Dipendenze patologiche) sono servizi pubblici del Sistema Sanitario Nazionale dedicati alla prevenzione, alla cura e alla riabilitazione di persone con problemi legati a disturbi da dipendenza. Si occupano principalmente di:

- Prevenzione primaria;
- Riduzione del rischio;
- Cura;
- Prevenzione patologie correlate;

149

- Riabilitazione e reinserimento sociale e lavorativo.

I servizi offerti dal SerT sono gratuiti.

## Come trovare un SerT

I SerT sono inseriti all'interno dei Dipartimenti delle Dipendenze delle ATS (Agenzie di Tutela della Salute). Ogni Distretto Sanitario (ovvero le articolazioni territoriali che danno possibilità di accesso ai servizi di carattere sanitario e socio assistenziale) comprende solitamente un SerT. Sul sito del Governo Italiano, alla sezione dedicata alle Politiche Antidroga, è presente un database che raccoglie l'elenco completo dei SerT presenti sul territorio. Esiste all'incirca un SerT ogni 100.000 abitanti. In Italia sono attivi più di 550 SerT.

## La struttura del SerT

Il SerT ha un'organizzazione autonoma e di tipo strutturale; è distinto e non inglobato nei Dipartimenti di Salute Mentale. Ogni SerT ha a disposizione personale specializzato e gode di autonomia nella scelta tecnica gestionale.

Solitamente il SerT è diretto da un Dirigente Medico. All'interno del servizio è possibile trovare un'equipe multidisciplinare in grado di affrontare diverse situazioni, a seconda dei problemi e delle esigenze riportate dalle persone che presentano disturbi di dipendenza o che fanno consumo occasionale di sostanze d'abuso. In Italia esiste una certa variabilità organizzativa all'interno delle strutture dei SerT (questo si accorda con le politiche nazionali, che dotano le Regioni di autonomia programmatoria). Proprio per tali direttive, le figure presenti nei diversi SerT possono cambiare da struttura a struttura; Si ha comunque e sempre la certezza di avere a che fare con professionisti qualificati e specializzati. All'interno dei SerT possiamo trovare, ad esempio:

- Medici
- Psicologi
- Assistenti sociali
- Educatori
- Infermieri
- Sociologi

## Di cosa si occupa il SerT

Il SerT si occupa di interventi di primo sostegno ed orientamento per le persone affette da tossicodipendenza e/o per i famigliari (con particolare cura ed attenzione ai giovani). Si impegnano nelle prime cure e negli accertamenti degli stati di salute del soggetto, definiscono i percorsi e i programmi terapeutici individuali. Questi percorsi di cura potranno essere gestite nella sede operativa del servizio, oppure in collaborazione: ad esempio con una comunità terapeutica accreditata (mediante programmi residenziali o semi residenziali). I SerT forniscono prestazioni diagnostiche, di orientamento, supporto psicologico e terapeutiche relative allo stato di dipendenza ed all'eventuale presenza di malattie infettive o di patologie psichiatriche correlate.

## Quando e perché rivolgersi al SerT

È indicato rivolgersi al SerT in qualunque situazione in cui si è venuti a contatto o si è fatto utilizzo di sostanze; quindi per uso occasionale, abituale o quotidiano; per abuso o dipendenza. È comunque sempre consigliato rivolgersi al SerT quando vi sia anche solo il sospetto di utilizzo di sostanze, così da diagnosticare in maniera rapida un effettivo consumo e/o lo stato della dipendenza. Inoltre, i SerT possono dare sostegno e supporto; molte di queste strutture si occupano di prevenzione. In ogni SerT qualsiasi utente, con particolare attenzione ai famigliari delle persone con disturbo da dipendenza, può trovare consigli utili per orientarsi e capire come gestire nel modo più opportuno le problematiche legate all'utilizzo di sostanze e alle patologie correlate.

## Privacy e segreto professionale nei SerT

La legge italiana e la deontologia a cui deve fare fede ogni operatore del SerT vincolano al segreto professionale ed alla tutela della privacy; parallelamente a questo, qualora la persona desideri rimanere nell'anonimato, può richiedere al servizio di non registrare i propri dati anagrafici e non comparire nei registri della struttura (comma 7 dell'art. 120 del T.U. delle leggi sugli stupefacenti, legge 309/90).

**Il segreto professionale vale anche per i minorenni?** Le informazioni riguardanti la salute del minore devono essere estese ai genitori o a chi ne fa le veci; è quindi necessario fare riferimento a chi esercita la potestà genitoriale. Non è possibile riservare il segreto professionale al minorenne: i genitori devono essere avvisati. Questo non deve però tramutarsi in un ostacolo alla cura. I disturbi da dipendenza sono patologie classificate nel manuale diagnostico e statistico dei disturbi mentali (DSM-5); questi disturbi devono essere curati con ogni mezzo possibile a disposizione, scavalcando gli stereotipi, i pregiudizi, le paure e le angosce che possono compromettere l'assunzione di responsabilità. I problemi vanno affrontati, assieme: anche questo significa essere famiglia.

## Collaborazioni

I SerT si adoperano nella realizzazione di interventi integrati e coordinati. Lavorano con le strutture sanitarie, le comunità terapeutiche ed i comuni di riferimento. Questa modalità operativa contribuisce a creare una rete di servizi efficaci e risposte mirate ai molteplici problemi che l'utenza può riscontrare. Inoltre, i SerT hanno contatti e collaborano con le associazioni di volontariato locali – come, ad esempio, Croce Rossa Italiana.

# Situazioni di emergenza,
## PRIMO SOCCORSO E CHIAMATA AL 118

*A cura di Daniele Gatti, Cristina Mantese e Giuseppe Marino*

L'ultimo capitolo è dedicato all'emergenza. I disturbi di dipendenza sono correlati a diverse e significative complicazioni (Vedi pag.97). Queste complicazioni sono differenti a seconda delle condizioni fisiche e psichiche della persona, delle componenti chimiche della e del quantitativo utilizzato; ne consegue che le cure da prestarsi siano specifiche e peculiari per ogni situazione.

Non è da sottovalutare il rischio di potersi trovare, direttamente o indirettamente, in una condizione di emergenza causata da disturbi di dipendenza. Per i motivi sopra citati, è impossibile raccogliere in questo libro tutte le condizioni che si potrebbero presentare; è comunque nostra intenzione fornire uno strumento che possa essere fruibile a chiunque e poter orientare tutti in un contesto di emergenza. La chiamata al 118 è sicuramente uno tra i più validi mezzi a nostra disposizione.

Molte persone, a detta degli operatori in emergenza, hanno difficoltà o non sanno effettuare una telefonata corretta al 118. Questa lacuna può comportare molte difficoltà durante l'intervento: all'operatore, che non riesce a raccogliere tutte le informazioni necessarie; all'utente stesso, la cui inabilità fomenta l'ansia e porta a compiere azioni errate o imprudenti. Inoltre, viene perso molto tempo che potrebbe essere utilizzato in maniera propedeutica al soccorso. Negare l'eventualità di avere un giorno bisogno di telefonare al 118 è un comportamento ingenuo ed irresponsabile. Occorre essere formati e preparati all'evenienza: imparare poche regole possono contribuire a salvare una vita.

Facendo riferimento alle linee guida del Ministero della Salute, concludiamo la parte teorica del libro descrivendo il servizio di 118 e come si effettua una corretta chiamata in emergenza.

## Cos'è il 118

Il 118 è il numero di telefono a cui fare riferimento nei casi di richiesta di soccorso a persone vittime di malori o incidenti di qualsiasi natura. Il 118 mette in contatto il cittadino con una Centrale Operativa che riceve le segnalazioni e le trasmette al personale autorizzato e specifico per l'urgenza che viene descritta durante la chiamata. È un numero di telefono gratuito e sempre attivo; si può chiamare in qualsiasi momento ed in qualsiasi caso: tutti i cellulari sono abilitati a chiamare i numeri di soccorso, anche quando la scheda del telefono non ha più credito.

In Lombardia è attivo inoltre un servizio sperimentale di Numero Unico Emergenza 112 che raggruppa le chiamate dirette a 112, 113, 115 e 118.

## Quando si chiama il 118?

Il 118 si chiama in tutte quelle situazioni in cui può esserci rischio per la vita o l'incolumità di una persona. Può essere chiamato in caso di malori e infortuni, traumi o ustioni, avvelenamenti, incidenti o annegamento. Può essere chiamato per una crisi di astinenza, per un malessere ricollegabile all'abuso di sostanze, per un coma indotto da dipendenza.

## Come chiamare il 118

1. Comporre il numero telefonico "118";
2. Rispondere con calma alle domande poste dall'operatore (Utilizza una voce chiara e scandita; rispondi a tutte le domande dell'operatore, che avrà il compito di analizzarle direttamente);
3. Fornire il proprio recapito telefonico;
4. Spiegare l'accaduto;
5. Indicare dove è accaduto (Comune, via, n° civico e altre indicazioni utili a rintracciare il posto);
6. Indicare quante persone sono coinvolte;
7. Comunicare le condizioni della persona coinvolta;

8. Comunicare particolari situazioni: bambini piccoli, donne in gravidanza, persone con malattie conosciute (es. cardiopatie, asma, diabete, epilessia, disturbi di dipendenza, ecc…);

9. Al termine della chiamata accertarsi che l'apparecchio utilizzato per chiamare il 118 sia stato rimesso a posto e che la telefonata sia stata terminata;

10. Tenere acceso e libero il telefono utilizzato per chiamare il 118: si potrebbe essere contattati nuovamente e in qualsiasi momento dalla Centrale Operativa per avere informazioni, ulteriori chiarimenti o istruzioni.

## In attesa dei soccorsi

### Cosa fare?

- Slacciare delicatamente gli indumenti stretti (es. cintura, cravatta) per agevolare la respirazione;
- Coprire il paziente;
- Incoraggiare e rassicurare il paziente;
- In caso di incidente, non ostacolare l'arrivo dei soccorritori e segnalare il pericolo ai passanti;
- Chiamare nuovamente il 118 se le condizioni della persona mutano o peggiorano.

### Cosa non fare:

- Non lasciarsi prendere dal panico;
- Non spostare la persona traumatizzata;
- Non somministrare bevande o farmaci.

## Quando non chiamare il 118?

- Per servizi non urgenti: ricoveri programmati, dimissioni ospedaliere, trasferimenti intraospedalieri;
- Per consulenze medico specialistiche;
- Per informazioni di carattere socio-sanitario: orari servizi, prenotazioni visite, indagini diagnostiche.

# CONCLUSIONI

Se è vero, come asserisce Marcel Proust, che ogni lettore, quando legge, legge se stesso, allora possiamo sostenere che ogni persona, quando scrive, scriverà sempre in qualche modo di sé. Abbiamo potuto infatti notare come i ragazzi abbiano raccontato paure, credenze o ricordi tramite un artificio pratico come la lettera a se stessi. Abbiamo già spiegato in precedenza le motivazioni che ci hanno portati a proporre attività di questo tipo e riteniamo che quanto prodotto sia in linea con le aspettative del progetto.

Il far sperimentare l'angoscia di una tossicodipendenza non era un mero deterrente, serviva appunto per consentire loro di esprimere tutta quella emotività che in un modo o in un altro resta magari sepolta nel non detto, per capire più che per dissuadere.

Ciò che ha sostenuto questo progetto è la ferma certezza che la prevenzione sia alla base di qualunque società sana. Riteniamo che fornire ai ragazzi i mezzi per negoziare con gli altri, venire a patti con se stessi e con la propria identità, incentivando stili di coping funzionali sia fondamentale per costruire una società attiva ed attenta ai bisogni di tutti.

Abbiamo cercato di promuovere stili di vita sani, perché, mai come in questo momento, appare chiara la necessità di affermare il proprio futuro, in contrasto alle difficoltà che il presente può talvolta porci. Tramite le attività proposte abbiamo semplicemente stimolato i ragazzi a portare a galla i propri sentimenti positivi circa il futuro; non tanto paventando una tossicodipendenza, quanto scrivendo di essa nella maniera più intima possibile, a se stessi più che agli altri. Se è vero che il contrario di tossicodipendenza è salute, allora scegliere di non voler essere malati in futuro, significa anche essere sani nel presente. Questo è ciò che conta.

Se dovessimo riassumere in un simbolo questi incontri non useremmo una freccia sola → , ma due ↔ , perché se noi siamo stati in grado di trasmettere qualcosa ai ragazzi è solo grazie a loro ed a ciò che ci hanno restituito lungo tutta questa esperienza. Avere a che fare con gli adolescenti non è semplice, perché lo siamo stati tutti e perché qualcuno – forse involontariamente – vorrebbe ancora esserlo.

È stato un bellissimo percorso e questo libro ne è il risultato.

In conclusione, ci è sembrato giusto allegare alcune lettere assegnate ai ragazzi e la cui traccia era: "Lettera a me stesso tra 10 anni soddisfatto/realizzato della/dalla mia vita" cosicché il lettore potesse continuare nel percorso ed, alla luce degli argomenti trattati, confrontare un futuro tremendo con uno migliore. Ci piace pensare che esiste sempre una scelta tra ciò che è giusto e ciò che non lo è, il più delle volte è sufficiente seguire la propria coscienza per rendersene conto.

Caro L,

sono molto fiero di te! Sono felice che tu abbia finalmente raggiunto il tuo sogno.

Ti sei sempre impegnato e ora sei un ottima persona; hai un lavoro che ti soddisfa, due splendidi animali domestici e hai potuto raggiungere il tuo sogno di viaggiare.

Sono sicuro che sei molto gentile, onesto e che tu abbia molti amici simpatici con cui qualche volta passi le tue serate in compagnia.

Sono felice che hai realizzato i tuoi sogni.

Ciao!
L.

Carissima E. ,

sono proprio fiera di te, hai creduto in te stessa, ti sei impegnata e sei riuscita a realizzare tutti i tuoi sogni.
Hai avuto momenti di difficoltà, con ansia e mancanza di autostima, ma nonostante tutto ciò sei diventata quello che sognavi.

Sei riuscita a realizzare il tuo sogno più grande, vincendo Sanremo e diventando una cantautrice di successo.
Non solo, dopo aver pubblicato il tuo primo album, ora stai per diventare una biologia.
Tra pochi anni dovrai affrontare un grande decisione per il tuo futuro.

Ti auguro di formare una famiglia una famiglia felice, e di continuare il tuo sogno per la musica, ma ricorda che tu sarai sempre anche una biologa, quindi non montarti troppo la per il successo.

Ascoltami bene, segui sempre il tuo cuore, e manda sempre i messaggi che senti importanti alla gente, lasciando un'impronta di te.

Sono fierissima di te. Auguri!

Cara me stessa ooo

Oggi compio 24 anni
Sono contenta di come la mia vita procede. In questo periodo sto frequentando il tirocinio da veterinaria, in una clinica di Milano.

Certo lo studio mi porta via tanto tempo; mi manca un
anno alla laurea, ma trovo il modo di decarmi al mio hobby il
ving tsun, ora sono un istruttrice. In palestra ho incontrato
Federico abbiamo molte cose in comune soprattutto la
stessa passione per gli animali; anche lui studia veterinaria.

In due settimane ho curato 123 animale. Durante il tirocinio
mi sono fatta due nuove amiche Valentina e Caterina loro
sono laureate da due anni, mi hanno aiutato parecchio.
Viaggio sempre in posti bellissimi. Ora devo andare caso
grave in clinica, mi ha fatto piacere scriverti.

Baci
C.

Caro me stesso

Ti scrivo a congratularmi con te per i tuoi successi ho
saputo che sei riuscito a diventare pizzaiolo, e sei riuscito a
evitare tutte le tentazioni di droga e alcool.

Ti auguro di continuare per la tua strada senza prendere
bivi sbagliati, di avere una buona famiglia, di morire a 80
anni, che continui a fare il pizzaiolo.

Ciao
A presto
G.

164

Cara M. ,

 finalmente hai realizzato i tuoi obbiettivi ed ora poi considerarti appagata e felice.

Il tuo lavoro come Psicologa presso il centro di recupero dalle Tossico Dipendenze ha avuto spunto dal Progetto sulle Dipendenze della Croce Rossa. Era già tua intenzione diventare Medico e nella preiscrizione alla Scuola Superiore avevi scelto Liceo Scienze Umane.

Nel corso delle Superiori è maturato in te un interesse sincero nell'aiutare gli altri, soprattutto i più deboli psicologicamente, che sono stati trascinati nel vortice delle Tossicodipendenze.

Hai quindi studiato approfonditamente i vari aspetti di ogni tipologia, gli approcci, i rimedi, le metodologie di intervento. Hai capito quanto sia importante il rapporto Umano, che unito alla preparazione Professionale, può portare il Paziente ad avere stima e fiducia in te e quindi accettare il tuo aiuto.

Le prime esperienze lavorative sono state positive, ciò ti ha gratificato molto e ti motivano a continuare sulla strada intrapresa. Hai avuto la fortuna di incontrare colleghi, anche più esperti, cordiali e disponibili in ogni momento e ciò ti rassicura e tranquillizza molto.

 Avanti cosi, dunque, facendo il tuo dovere, ma sempre con grande umanità e comprensione.

Dottoressa M. G.
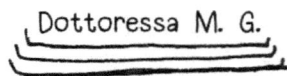

165

Cara R. ,

non aspettavo tutto questo da te!
Vorrei dirti che sono orgogliosa perché eri molto indecisa ma ce l'hai fatta!

Ti conosco fin da piccola, infatti ricordo che ogni giorno volevi fare un lavoro diverso.
Hai realizzato quello che sognavi! ~~illeggibile~~
Hai finito gli studi e, so benissimo che ne avevi voglia!

Sei riuscita ad entrare nella scuola di Amici ed esibirti davanti a professori che non pensavi mai di conoscere e di condividere la tua passione con loro.
Sei arrivata fino al serale, compiendo esibizioni spettacolari sera per sera

Hai vinto! Sei una cantante non ancora troppo famosa ma, ora inizia la vita che sognavi...

Ti auguro di vivere la tua vita al meglio perché ti meriti tutto questo!

Buona fortuna!
R.

# BIBLIOGRAFIA ESSENZIALE

Agrawal, A., Neale, M.C., Prescott, C.A., Kendler, K.S., (2004). Cannabis and other illicit drugs: comorbid use and abuse/dependence in males and females. Behav. Genet. 34, 217e228.

American Psychiatric Association (APA) (2013). Diagnostic and statistical manual of mental disorders (5th ed.). Washington, DC.

Anolli, L.; & Legrenzi P. (2016). Psicologia Generale. Il Mulino. Bologna.

Battistella G., Fornari E., Annoni J.M., Haithem Chtioui K. D., Marie F., Favrat B., Mall J.F., Maeder P., Giroud C. (2014). Long-Term Effects of Cannabis on Brain Structure, *Neuropsychopharmacology*, 39, 2041–2048

Battistella, G, Fornari, E, Annoni, JM, Chtioui, H, Dao, K, Fabritius, M, Favrat, B, Mall, JF, Maeder, P, & Giroud, C. "Long-Term Effects of Cannabis on Brain Structure." *Neuropsychopharmacology* (2014).

Bianchi, A., and J. G. Phillips. 2005. "Psychological Predictors of Problem Mobile Phone Use." *CyberPsychology and Behaviour* 8 (1): 39–51. doi: 10.1089/cpb.2005.8.39.

Brizio, A., Gabbatore, I., Tirassa, M., & Bosco, F. M. (2015). "No more a child, not yet an adult": Studying social cognition in adolescence. *Frontiers in Psychology*, 6(AUG), 1–12. https://doi.org/10.3389/fpsyg.2015.01011

Brook, J.S., Balka, E.B., Whiteman, M., 1999a. The risks for late adolescence of early adolescent marijuana use. *Am. J. Public Health* 89, 1549e1554.

Cabé N., Laniepce A., Ritz L., Lannuzel C., Boudehent C., Vabret F., Eustache F., Beaunieux H., Pitel A.L. (2016). Cognitive impairments in alcohol dependence: From screening to treatment improvements. *L'Encéphale,* Vol. 42 (1) , 74–81.

Camaioni, L.; & Di Blasio, P. (2013). Psicologia dello sviluppo. *Il Mulino.* Bologna.

Carpenter, J. (1962). Effects of alcohol on some psychological processes. *Quarterly Journal of Studies on Alcohol*, 23, 274–314.

Cheng, C., Huang C.L., Tsai C.J., Chou P.H., Lin C.C., Chang C.K. (2017). Alcohol-related Dementia: A Systemic Review of Epidemiological Studies, *Psychosomatics,* in press

Connor J.P., Gullo J., Feeney G.F.X., Kavanagh D.J. (2014). The relationship between cannabis outcome expectancies and cannabis refusal self-efficacy in a treatment population, *Addiction*, Vol.109 (1), 111.119

Courtney , K.E., Polich, J. (2009). Binge drinking in young adults: Data, definitions, and determinants. *Psychological Bulletin*, Vol. 135,142-156.

Darcin, Enez, A, Kose, S, Noyan, CO, Nurmedov, S, Yılmaz, O, and Dilbaz, N. "Smartphone Addiction and Its Relationship with Social Anxiety and Loneliness." *Behaviour & Information Technology* 35.7 (2016): 520-25. Web.

Ehrler M. R., McGlade C., Yurgelun-Todd D.A. (2015). Subjective and Cognitive Effects of Cannabinoids in Marijuana Smokers, *Cannabinoid Modulation of Emotion, Memory, and Motivation*, Chapter 7, 159-181

Farré M, de la Torre R, Gonzàlez ML et al. (1997). Cocaine and alcohol interactions in humans: neuroendocrine effects and cocaethylene metabolism. *J Pharmacol Exp Ther.*283(1):164-76.

Fergusson, D.M., Boden, J.M., (2008). Cannabis use and later life outcomes. *Addiction* 103, 969e976. Discussion 977e968.

Fergusson, D.M., Horwood, L.J., (2000). Does cannabis use encourage other forms of illicit drug use? Addiction 95, 505e520.

Fillmore, M. (2007). Acute alcohol-induced impairment of cognitive functions: Past and present findings. International Journal on Disability and Human Development, 6, 115–125.

Fillmore, M. (2007). Acute alcohol-induced impairment of cognitive functions: Past and present findings. International Journal on Disability and Human Development, 6, 115–125.

Garland E.L., Froeliger B., Zeidan F., Partin K., Howard M.O. (2013). The downward spiral of chronic pain, prescription opioid misuse, and addiction: Cognitive, affective, and neuropsychopharmacologic pathways, *Neuroscience & Biobehavioral Reviews*, Vol. 37(10), 2597–2607

Ghi P, Allegrucci M, Di Paolo A et al. (2009). Tossicologia Principi e applicazione all'uso dei farmaci e dei prodotti della salute. Torino: *Minerva Medica*, 12:163-186.

Ghi P, Allegrucci M, Di Paolo A et al. (2009). Tossicologia: Principi e applicazione all'uso dei farmaci e dei prodotti della salute. Torino: *Minerva Medica*, 12:163-186.

Giannotta, F., Settanni, M., Kliewer, W., & Ciairano, S. (2009). Results of an Italian school-based expressive writing intervention trial focused on peer problems. *Journal of Adolescence*, 32(6), 1377–1389. https://doi.org/10.1016/j.adolescence.2009.07.001

Goldstein R.Z., Leskovjan A.C., Hoff A.L. et al. (2004). Severity of neuropsychological impairment in cocaine and alcohol addiction: association with metabolism in the prefrontal cortex, *Neuropsychologia*, Vol. 42 (11), 1447–1458

Govoni S, Cuzzocrea S, Racchi M, Agabio R et al. (2014). Farmacologia. Rozzano: *CEA*, 29-31:355-390.

Govoni S, Lucchelli A. (2013). Allucinogeni. Tecniche Nuove Farmacia News modulo didattico 6, (corso ECM per farmacisti).

Hall W, Room R, Bondy S. Comparing the health and psychological risks of alcohol, cannabis, nicotine and opiate use. In: Kalant H, Corrigal W, Hall W, Smart R, editors. The health effects of cannabis. Toronto' *Addiction Research Foundation, Centre for Addiction and Mental Health*; 1999. p. 477– 506.

Hall,W.D., Lynskey, M., (2005). Is cannabis a gateway drug? Testing hypotheses about the relationship between cannabis use and the use of other illicit drugs. *Drug Alcohol Rev.* 24, 39e48.

Hansell, J., Damour, L. (2008). Psicologia clinica, Zanichelli ed

Hester R.K. , Miller W. R. (1995). Behavioral self-control training *Handbook of alcoholism treatment approaches: Effective alternatives*, 148-159

Hoffman RS, Hollander JE. (1997). Evaluation of patients with chestpain after cocaine use. *Crit Care Clin*; 13: 809-28.

Holloway, F. (1995). Low-dose alcohol effects on human behavior and performance. Alcohol, Drugs, and Driving, 11, 39–56.

http://www.politicheantidroga.gov.it/attivita/pubblicazioni/relazioni-al-parlamento/relazione-annuale-2016/presentazione.aspx

https://europa.eu/european-union/about-eu/agencies/emcdda_it

https://farmaci.agenziafarmaco.gov.it/aifa/servlet/PdfDownloadServlet

Jellinek, E. (1952). Current notes – phases of alcohol addiction. *Quarterly Journal of Studies on Alcohol*, 13, 673–684.

Kahneman D. (2014), Pensieri lenti e veloci. *Mondadori*. Milano.

Kandel, D. (1975). Stages in adolescent involvement in drug use, *Science* 190, 912-914

Kandel, D.,(1975). Stages in adolescent involvement in drug use. *Science* 190, 912e914.

Klassen, R. (2002). Writing in early adolescence: A review of the role of self-efficacy beliefs. *Educational Psychology Review*, 14(2), 173–203. https://doi.org/10.1023/A:1014626805572

Koob, G., & Le Moal, M. (1997). Drug abuse: Hedonic homeostatic dysregulation. *Science*, 278, 52– 58.

Laizure SC, Parker RB. (2009). Pharmacodynamic evaluation of the Cardiovascular effects after the coadministration of Cocaine and Ethanol. *Drug Metabolism and Disposition*, 37(2):310-314

Latt. N., Dore G. (2014). Thiamine in the treatment of Wernicke encephalopathy in patients with alcohol use disorders, *Internal Medicine Journal*, Vol. 44 (9), 911- 915

Lecce, S.; Cavallini, E.; & Pagnin, A. (2010). Teoria della mente nell'arco di vita. *Il Mulino*. Bologna.

Litt M.K., Kadden R.M., Petry N.M. (2013) Behavioral treatment for marijuana dependence: Randomized trial of contingency management and self-efficacy enhancement, *Addictive Behaviors*, Vol. 38 (3),1764–1775

Logan, G., & Cowan, W. (1984). On the ability to inhibit thought and action: A theory of an act of control. *Psychological Review*, 91, 295–327.

Lonati D, Locatelli C, Giampreti A. Cocaina. Tecniche Nuove Farmacia News modulo didattico 5, 2013 (corso ECM per farmacisti).

Lucchelli A, Minghetti P et al., La cannabis terapeutica: nuove frontiere e vecchi pregiudizi (corso ECM per farmacisti e medici tenutosi a Pavia nov-2016)

Lyvers, M. (2000). "Loss of control" in alcoholism and drug addiction: A neuroscientific interpretation. *Experimental and Clinical Psychopharmacology*, 8, 225–249.

Manrique-Garcia E, Zammit S. et al. (2012). Cannabis, schizophrenia and other non-affective psychoses: 35 years of follow-up of a population-based cohort. *Psychological Medicines*.

Maugini E, Maleci Bini L, Mariotti Lippi M. (2009). *Manuale di Botanica Farmaceutica*. Padova: Piccin;11: 229-232.

Paesbury, J., Benson, J., Fitch, J., & Torrance, P. (1991). What Can Children's Creative Writing Tell Us About Their Cognitive Development?. *The Journal of Creative Behavior*, 25(3), 244–249. https://doi.org/10.1002/j.2162-6057.1991.tb01376.x

Pennebaker, J. W. (1993). Putting stress into words: Health, linguistic, and therapeutic implications. *Behaviour Research and Therapy*, 31(6), 539–548. https://doi.org/10.1016/0005-7967(93)90105-4

Petrolini V, Locatelli C, Vecchio S, (2013). "Alcol e marijuana".

Petrolini V, Locatelli C, Vecchio S. (2013). Alcol e marijuana Tecniche Nuove Farmacia News modulo didattico 3, (corso ECM per farmacisti).

Pew Research Center. 2015. "The Smartphone Difference." April. http://www.pewinternet.org/2015/04/01/us-smartphone-use-in-2015.

Potvin S.; Stavro K, ; Rizkallah E., Pelletier J. (2014). Cocaine and Cognition: A Systematic Quantitative Review, *Journal of Addiction Medicine*, Vol. 8 (5), 368–376

Rensen Y. C. M., Kessels R. P.C., Migo E. M., Wester A. J., Eling P.A.T. M., Kopelman M.D. (2016). Personal semantic and episodic autobiographical memories in Korsakoff syndrome: A comparison of interview methods, *Journal of Clinical and Experimental Neuropsychology*, 1-13

Robinson, T., & Berridge, K. (2003). Addiction. *Annual Review of Psychology*, 54, 25–53.

Rosen L.G., Sun L., Rushlow W., Laviolette, S.R. (2015). Molecular and neuronal plasticity mechanisms in the amygdala-prefrontal cortical circuit: implications for opiate addiction memory formation, *Frontiers in Neuroscience*, Vol.9 , 399

Solowij N. Long-term effects of cannabis on the central nervous system. In Brain function and neurotoxicity: IIR Cognitive functioning. In: Kalant H, Corrigal W, Hall W, Smart R, editors. The health effects of cannabis. Toronto' *Addiction Research Foundation, Centre for Addiction and Mental Health*; 1999. p. 195– 265.

Sun, L., & Nippold, M. (2012). Narrative Writing in Children and Adolescents: Examining the Literate Lexicon. *Language, Speech, and Hearing Services in Schools*, 43(Jan), 2–13. https://doi.org/10.1044/0161-1461(2011/10-0099)

Vallar, G, & Papagno, C, (2007). Manuale Di Neuropsicologia: Clinica Ed Elementi Di Riabilitazione. Bologna: *Il Mulino.*

Vecchio S, Locatelli C, Petrolini V. Eroina e altri oppioidi. Tecniche Nuove Farmacia News modulo didattico 4, 2013 (corso ECM per farmacisti).

Vonmoos M., Preller K.H., Minder F., Baumgartner M.R., Quednow B.B. (2014). Cognitive Impairment in Cocaine Users is Drug-Induced but Partially Reversible: Evidence from a Longitudinal Study, *Nature, 39*, 2200-2210

Watson T. D., Sweeney J.F., Louis H., (2014). Neurocognitive, psychological and behavioral correlates of binge drinking and use of alcohol with caffeinated beverages in college-aged adults, *The american journal of drug and alcohol abuse,* ; 40(1): 58–66

Weafer, J., & Fillmore, M. (2008). Individual differences in acute alcohol impairment of inhibitory control predict ad libitum alcohol consumption. *Psychopharmacology*, 201, 315–324.

Yamaguchi, K., Kandel, D.B., (1984). Patterns of drug use from adolescence to young adulthood: III. Predictors of progression. *Am. J. Public Health* 74, 673e681.

Young, K., M. Pistner, J. O'Mara, & J. Buchanan. (1999). "Cyber Disorders: The Mental Health Concern for the New Millennium." *CyberPsychology and Behaviour* 2: 475–479. doi: 10.1089/cpb.1999.2.475.

173

www.ingramcontent.com/pod-product-compliance
Lightning Source LLC
Chambersburg PA
CBHW062158280526
45788CB00001B/358